少年读史记

霸主的崛起

张嘉骅 / 编著　　郑慧荷　官月淑 / 绘图

青岛出版社
QINGDAO PUBLISHING HOUSE

# 承
# 担

很多人都知道"赵氏孤儿"的故事。这个故事较早的完整记载，见于《史记》的《赵世家》。

晋景公年间，晋国大夫赵朔被奸臣屠岸贾所害，整个家族被杀，只留下一个遗腹子，便是赵氏孤儿。赵朔的友人程婴和门客公孙杵白，设计用调包的手法保全了这个孤儿的性命，但公孙杵白为此而死。

后来，程婴将赵氏孤儿带到深山里去抚养。当程婴抱着孤儿走在山路上，太史公并没有描述"此婴何其重也！"，而我在写这个场景时加了一句："当他走在山中，感觉路途是如此的遥远，而怀里的孤儿是如此的沉重——这是个从一出生就背负了一大笔血债的孩子！"我相信那就是程婴当时的心情。

程婴把赵氏孤儿抱在怀里，实际上是把一个时代挑在了肩上。

作为赵朔忠诚的朋友，程婴背负着一个责任，就是为赵家保全唯一的后代，并寻找将来报仇雪恨的机会。

后来晋国将领韩厥与赵氏孤儿赵武里应外合，灭掉了奸臣屠岸贾，讨回血债，恢复了赵家的地位。赵氏孤儿长大成人后，程婴决定自杀，好去九泉之下向公孙杵臼禀报当年托付的事情已经完成。这样的"义气"，在现代人看来真是不可思议，不过也确实让人为之动容。

本套书这一册的人物故事，主要是根据《史记》的"世家"进行编写。由于管仲和伍子胥的事迹分别关系到齐桓公的霸业和吴越两国的争斗，故从"列传"提到这里来说。

整本书涉及的主要人物有：齐桓公、管仲、晋文公、宋襄公、楚庄王、吴王阖闾、吴王夫差、伍子胥、越王勾践、范蠡、赵盾、崔杼、孔子、萧何、张良、周勃、周亚夫。

我在撰写这一册时，总想到"承担"这两个字。

程婴和公孙杵臼承担的是义。

管仲承担的是自己一度不被重视的卓越才能。为了求得施展抱负的机会，他忍受天下人的耻笑，甘愿成为囚犯，坐着囚车从鲁国被送回齐国。后来，齐桓公珍视他的才能，重用了他，成就了一番霸业。

晋文公承担的是尊严。当他还是一个公子时，曾经流亡各国，或受到礼遇，或受到羞辱。等他当上国君，他有恩报恩，有仇报仇。为了达到目的，臣子的献计他都尽可能采用。

孔子曾评论齐桓公和晋文公的霸业："晋文公诡而不正，齐桓公正而不诡。"意思是说晋文公做事会耍手段，而齐桓公看起来就正派得多。不过我认为晋文公为了尊严问题而奉行的是一种"快意人生"的准则，我们或许不必像孔子那样去苛责他。事实上，司马迁在《史记》里也是用了比较正面的态度来描写晋文公，而不像《左传》那样，负面评价居多。

在这一册的人物故事里，给我感触最深的是伍子胥和孔子两个人所承担的责任。

伍子胥的父亲和哥哥都被迫害致死。伍子胥流亡在外，一度当过乞丐。他忍受了所有的屈辱，为的就是要报仇。吴国后来攻克楚国的国都。伍子胥把当年杀他父兄但已过世的楚平王从坟墓里挖出来，加以鞭尸，那种强烈的恨意表达真是淋漓尽致。

在伍子胥的帮助下，吴国日益壮大起来。吴王夫差却完全不理会这个忠臣的劝谏，还赐他自尽。伍子胥恨得要门客在他死后把他的眼睛挖出来，挂在东门上，好看着吴国被越国消灭。

伍子胥是个悲剧人物，他承担的是作为一个家人和一个臣子的责任，不过那责任后来演变成过重的负担，压得伍子胥喘不过气来。

孔子承担的是一个济世的理想。为了实现理想，他周游列国，却连一点儿机会都没有得到，还一度被困在陈、蔡两国之间，差点饿死；在郑国，狼狈得犹如"丧家之犬"。

尽管遭逢乱世，自己的主张不被当权者采纳，但孔子并没有放弃理想，他转而将自身的抱负与热忱投于著述和教育。那种影响果然巨大。直到千秋万世之后，人们都还在谈论孔子，尊崇他的理念。

对人生来说，学会承担什么以及学会怎么承担，的确很重要。生命的意义就在于自我价值的创造，而这个自我价值有很大一部分取决于它对别人产生了什么影响。这种承担，具有它自身的意义和时代性。

没有承担的人往往是没有作为的人，自我价值也轻薄得很。有承担是好事，但可别像伍子胥那样，让肩膀上的承担变成过重的负担！

张嘉骅

# 目录

# 第一位盟主的诞生

## 齐桓公称霸的故事

齐桓公虽然个性并不完美，但这不足以妨碍他成就霸业，因为他任用管仲，有知人善任的眼光。管仲很有谋略，总为大局着想，他提出的「尊王攘夷」策略，为齐桓公赢得了中原盟主的地位。

## 从西周到东周

周幽王在位的第十一年（公元前 771 年），申侯联合缯国和西方的外族犬戎，一起攻入首都镐京，在骊山下结束了他的性命。

坦白地说，周幽王的死是咎由自取。

他一不该废申后和太子宜臼，另立宠妃褒姒为后，又立褒姒所生的儿子伯服当太子，因而惹恼了申后的父亲申侯；二不该为了逗褒姒开心，乱点王室紧急情况下才能用的烽火戏弄诸侯。看到诸侯们被戏耍得团团转，褒姒是笑了，但王室也因此在诸侯面前失去了威信。结果，当镐京遭到申侯的攻击，周幽王再次点燃烽火时，居然没有一个诸侯带兵前来救援。

周幽王死后的第二年（公元前 770 年），诸侯们拥立旧太子宜臼为天子，是为周平王。

由于镐京已经被攻打得残破不堪，而且还要提防犬戎再次来犯，周平王选择在东都洛邑即位。从此，周朝进入"东周"时期，而东周又分为"春秋"和"战国"两个时代，原先在镐京的那段历史时期就叫作"西周"。西周从周武王到周幽王，存在了约两百七十五年，历经十二位君主。

从周平王起，周王室日渐衰微，诸侯间互相争斗，强者吞并弱者，势力各有消长，不再听从周天子的号令。八十多年后，齐国的齐桓公第一个取得盟主的地位，成为"春秋五霸"的首霸。

## 齐桓公的兴起

齐桓公姓姜，名小白。他的哥哥齐襄公是个糊涂国君，不仅和鲁桓公的夫人私通，并借机杀死鲁桓公，还屡次欺骗大臣，滥杀无辜。

当时，齐襄公的弟弟公子纠和公子小白等人感觉事态严峻，怕有祸事临头，便出奔到国外去。

公子纠的母亲是鲁国人，所以他出奔到鲁国。管仲和召忽两人一路跟随着他。

公子小白去的地方是莒国，随行的亲信是鲍叔牙。

齐国后来果真发生内乱。公孙无知因过去与齐襄公结怨，趁齐襄公狩猎受伤杀死了他，自立为国君。没多久，公孙无知又被别人所杀。齐国顿时陷入没有国君的混乱状态。

大臣高傒等人暗中派人去莒国，请公子小白赶快回来继承国君之位。鲁国这边听说公孙无知已死，也立即发兵护送公子纠回国，还让管仲另外带领一支部队，到莒国通往齐国的道路上阻挡公子小白。

管仲果然在路上遇见公子小白，他发箭射向公子小白，正好射中公子小白腰带上的金属钩。公子小白诈死，侥幸逃过一劫。

管仲叫人快马飞奔回鲁国报信，鲁国护送公子纠回国的部队因此松懈下来，行军的速度放缓。结果公子小白抢先一步，在高傒等大臣的拥护下于公元前685年当上国君，即为齐桓公。

## 重用管仲

齐桓公即位后，立刻发兵击败护送公子纠前来的鲁国军队，还切断了鲁国军队的退路。

齐桓公写信给鲁国国君，说："公子纠是我的兄弟，我不忍心亲手杀他，请鲁国自行处置吧！召忽、管仲两人跟我有仇，请把他们送过来，我一定要把他们剁成肉酱才甘心。若是不答应，我就派兵攻打鲁国。"

鲁国国君害怕齐桓公派兵攻打，就把公子纠杀了。召忽也跟着自尽。管仲则自请成为囚犯，被遣送回国。

齐桓公真的要把管仲剁成肉酱吗？

其实，那只是演给鲁国人看的一场戏罢了。事实上，管仲被遣送回国后，齐桓公不仅没杀他，还对他委以重任，任命他为大夫治理国政。

齐桓公为什么会重用管仲？这话还得从头说起。

当初，齐桓公侥幸逃过一劫后，确实对管仲怀恨在心。甚至在登基后发兵攻打鲁国时，还想杀死管仲。人臣鲍叔牙对齐桓公说："臣有幸跟随在您的左右，而您最后当上了国君。您做了君主，我已经无法再帮您增添什么了。如果您只是想治理齐国，那么用高傒和我就足够了；但如果您想称霸天下，就非任用管仲不可。管仲到哪个国家去，那个国家的国力都会强大起来，您千万不能失去这个人。"

"嗯？管仲真有这样的本事？"齐桓公听从鲍叔牙的建议，

和他商量好计谋，让管仲得以回国。而管仲也事先知道了这件事，配合着演出。

## 管鲍之交

管仲和鲍叔牙两人年轻时就是好朋友。鲍叔牙深知管仲的才干，因此在最关键的时刻将他推荐给齐桓公，自己甘心在管仲之下。

管仲后来说："我当初贫困时，曾与鲍叔牙一起做买卖，分钱财时多分了一些给自己，鲍叔牙不认为我贪，而是体恤我穷；我曾经为鲍叔牙做事，却让他更难处理，鲍叔牙不认为我笨，而是认为时机不对，与我无关；我曾经好几次出来做官，却都被君主罢免，鲍叔牙不认为我没有才能，而是劝解我生不逢时；我曾经好几次临阵脱逃，鲍叔牙不认为我胆怯，而是体量我家里有老母亲要侍奉；公子纠争位失败，召忽为了这件事而自杀，我却自愿成为囚犯，让人瞧不起，鲍叔牙不认为我没有羞耻心，而是明白我不以小节为耻，只以功绩名声不能彰显于天下为耻。生我的人是父母，了解我的人是鲍叔牙啊！"

所谓"患难见真情"，鲍叔牙一直尽心尽力地帮助管仲。因此，后来天下人都称赞鲍叔牙慧眼识英才。

## 因势利导的管仲

齐桓公得了管仲，又有鲍叔牙、隰（xī）朋、高傒等大臣的辅佐，开始大力整治齐国。

　　他以五户为一个单位设置民兵组织，实施灵活的经济政策，大举兴办捕鱼、煮盐等有利于百姓的行业，救济贫穷的人，并且任用有才能的人。齐国的百姓都感到很高兴。

　　管仲担任宰相，辅佐齐桓公，特别重视富国强兵之道，也特别重视人民的好恶。他知道老百姓若吃不饱、穿不暖，就无心谈论礼节和名誉，而礼义廉耻要是得不到弘扬，国家就会灭亡。

　　管仲处理政治，很懂得"因势利导"，常把坏的事情变成好的事情，把局面上的劣势转变为优势。他尤其知道一点：若想有所得，就得先付出。

　　从齐桓公在位期间发生的三件大事，最能看出管仲高人一等的治国才能。

## 归还鲁国土地

第一件事情发生在齐桓公五年，即公元前681年。

齐国攻打鲁国，鲁国吃了败仗，于是提议敬献遂邑这个地方来求和，齐桓公也答应了。

双方在柯这个地方准备签订盟约，哪晓得鲁国将领曹沫竟手持匕首，劫持齐桓公，并愤而大呼："把侵占鲁国的土地还来！"

齐桓公碍于情势，只得答应。于是，曹沫扔掉匕首，面北而立，站在臣子的位置，以示为臣之礼。

齐桓公被释后马上就后悔了。他不仅不想归还鲁国的失地，还想杀掉曹沫。

管仲说："您在被劫持时答应了对方的要求，事后不仅反悔，还要杀死劫持您的人，这样固然可以逞一时之快，却会让我们失信于诸侯，进而失去天下人的支持，所以不能这么做。"

齐桓公听从管仲的意见，把曹沫三次打败仗所失掉的土地统统归还给鲁国。

诸侯们听说这件事，都信任齐国而想归附于它。

两年后，诸侯在甄这个地方与齐桓公会盟。齐桓公从此开始称霸中原。

## 礼遇燕国

第二件事发生在齐桓公二十三年，即公元前663年。

这一年，北方的山戎攻打燕国，燕国向齐国告急。齐桓公带兵解救燕国，接着讨伐山戎，一直打到孤竹才返回。

燕庄公亲自为齐桓公送行，一路将他送进齐国的边境。齐桓公说："不是天子，诸侯间的相送不能超出自己的国境。我不可以对燕国无礼。"于是画沟为界，把燕国国君送他所抵达的地方割给燕国。

接着，齐桓公又采纳管仲的建议，让燕国重拾开国国君召公的政务，对周王室纳贡，就像周成王和周康王在位时一样。

诸侯听到这件事后，钦佩齐桓公的大义之举，都归附了齐国。

## 攻蔡与伐楚

第三件事发生在齐桓公三十年，即公元前656年。

在此之前一年，齐桓公曾与夫人蔡姬一起乘船出游。蔡姬懂水性，故意把船摇晃得很厉害，想吓吓齐桓公。齐桓公感到害怕，叫她住手。蔡姬不听，还是猛力地摇船。齐桓公很生气，下船后就将蔡姬送回蔡国，但并未断绝和她的关系。

蔡侯禁不起这种羞辱，干脆让女儿改嫁。蔡姬这一改嫁，齐桓公更加生气，便在第二年春天向蔡国兴师问罪。

蔡国是个小国，不是齐国的对手，被打得溃不成军。战胜蔡国后，齐桓公听从管仲的建议，就近去讨伐南方的楚国。

楚成王出兵迎战，质问道："你为什么侵犯我的国家？"

管仲说："齐国在立国之初，受命辅佐周王朝，拥有征伐诸侯的权力。楚国不向周王朝进贡，使天子祭祀的器具不完备，所以派兵前来责问。再者，我们也想问一问：以前周昭王到南方来征讨，为什么没能回去？"

周昭王是周朝的第四代君主，他在位的第十九年，带兵前去讨伐荆楚，却溺死在汉水中。不过，那距离齐桓公此番进兵楚国已经很遥远，差不多是三百多年前的事了。

楚成王听了管仲的理由，回答道："不向周王室进贡，这是寡人的罪过，以后不敢停止供奉。至于昭王南征为什么不回去，你去问河水吧！"

齐国按照原计划进军。几次战役后，迫使楚国和齐桓公订立盟约，齐桓公这才返回齐国。

齐桓公讨伐楚国，其实有两个好处：第一是增强周王室的威信；第二是警告楚国不要轻举妄动——实际上，长久以来，楚国

一直对中原各国怀有觊觎之心。齐桓公此次讨伐，让楚国有了忌惮，不敢肆意妄为。

## 骄傲的霸主

齐桓公能够成就霸业，完全出自管仲的规划，而管仲为齐桓公完成霸业提出的指导原则是"尊王攘夷"。所谓"尊王"，就是尊敬周王室；所谓"攘夷"，就是抵御狄戎等夷族。

当时，不仅诸侯各国都归附齐国，就连周王室对齐桓公也十分敬重。

齐桓公三十五年（公元前 651 年），桓公在葵丘大会诸侯。周襄王派宰孔带着祭祀过文王与武王的祭肉、大红色的弓箭和大车去赏赐齐桓公，还特别准许他不用跪拜谢恩。

齐桓公也想免去跪谢之礼。管仲说："不行，您不能不跪谢。"于是齐桓公走出大堂行跪拜礼，接受赏赐。

同年秋天，桓公又在葵丘大会诸侯，但态度愈来愈志得意满。这时候，已经有诸侯不再那么顺从齐国了。

齐桓公认为自己的功劳很大，毫不客气地说："夏商周三代所承受的天命，跟我立下的功绩有什么两样？"便打算到泰山和梁父山去进行封禅。

封禅不是诸侯能举行的仪式，管仲好说歹劝，总算想出一个说辞："您若要封禅，也得等拥有远方的珍禽异兽才能进行。"

齐桓公只好作罢。

隔了几年，管仲去世。临终之际，管仲力劝齐桓公不要任用易牙等小人，但齐桓公在管仲死后偏偏就重用了易牙这些人。这些人心术不正，后来帮着齐桓公的儿子们争权夺位，搞得国家动乱不堪。

齐桓公四十三年（公元前643年），桓公病逝。他的五个儿子因为忙着互相攻打争夺王位，没空办理他的丧事，以致死去的齐桓公在床上躺了六十七天，都无人给他发丧。一代春秋霸主竟落到这样的下场，可悲可叹！

# 三分钟读历史关键

齐桓公喜好美色，晚年又骄傲自满，但这些都没有妨碍他成就霸业，只因他用对了人。

管仲出身贫困，时运不济，幸亏有鲍叔牙的推荐，才让他不仅免于被杀的命运，还成为齐国的佐相。

管仲担任齐国佐相时，已经四十一岁，齐桓公尊称他为"仲父"。因为管仲处处为大局着想，所以他过去的"不良纪录"并没有妨碍他成为一代名相。

因为目光深远，管仲提出"尊王攘夷"的策略，也懂得利用归还鲁国失地和割给燕国一小块土地的诚信之法，为齐桓公赢得中原盟主的地位。

管仲功成名就后，想过点好日子，于是把自家的宅子盖得很豪华，但齐国人不认为他奢侈。孔子曾因此批评他铺张浪费，但一提起管仲的功绩，孔子仍说："假若没有管仲，我们早就成了蛮夷之人。"

霸主的崛起

齐桓公和管仲都不是完美的人，但两个人组合在一起，做出了一番几尽完美的事业。

## 史记原典精选

管仲既任政❶相齐，以区区之齐在海滨，通货积财，富国强兵，与俗❷同好恶。故其称曰："仓廪❸实而知礼节，衣食足而知荣辱，上服❹度❺则六亲❻固。四维❼不张，国乃灭亡。下令如流水之原❽，令顺民心。"故论卑而易行❾。俗之所欲，因而予之；俗之所否❿，因而去之。

《史记·管晏列传》

管仲既担任政务，辅佐齐国，凭借位在海滨的小小齐国，流通货物，累积财富，让国家富有，兵力强盛，又与百姓同好恶。所以他说："谷仓充实，百姓就懂得礼节；衣食充足，百姓就知道荣辱。在上位者若能遵守法度，各种关系就会稳固；礼义廉耻若不能弘扬，国家就会灭亡。政令的下达要像流水的源头，要能顺应民心。"因此政令的内容要简单，且容易实行。老百姓希望的，就顺势给他们；老百姓不愿接受的，也要随之剔除。

**【注释】❶任政：**处理政务。任，担任。**❷俗：**一般人，意指老百姓。**❸仓廪：**储藏米谷的地方。**❹服：**行，行事。**❺度：**合乎礼法。**❻六亲：**指父、母、兄、弟、妻、子。**❼四维：**指礼义廉耻。**❽原：**通"源"。**❾论卑而易行：**主张简单而容易实行。论，论述。卑，简单。**❿否：**否定、贬斥。

# 词语收藏夹

**一、知人善任：**能识别、提拔人才，并能依据他的专长而加以任用，使他发挥所长。

例句 当领导的人要懂得知人善任，做事情才能事半功倍。

**二、管鲍之交：**就像管仲和鲍叔牙那样的交情。形容友谊深厚。

例句 我爸爸和吴叔叔可说是管鲍之交，无论遇到什么事，他们都会不遗余力地去帮助对方。

**三、因势利导：**顺着事物发展的趋势加以引导，让目标得以达成。

例句 老师见同学们对这篇小说很感兴趣，便因势利导，向同学们介绍小说中故事的历史背景。

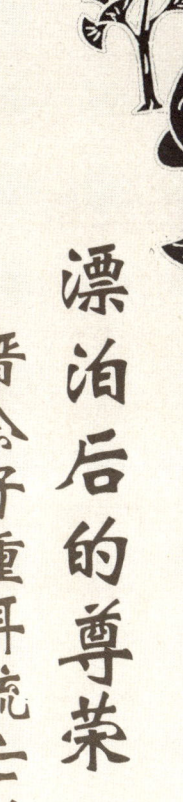

# 漂泊后的尊荣

## 晋公子重耳流亡的故事

患难使人成长。

在漂泊流离中，

重耳明显地在转变。

当他允诺以「退避三舍」

回报楚成王时，

就能看出他已非丧家之犬，

已做好了当上一国一君的准备。

## 踏上流亡之路

晋国公子姬重耳在国外漂泊了十九年，才返回晋国登上国君之位，那时他已经六十二岁了（公元前 636 年）。这漫长的十九年对重耳来说就像一场梦，一场再真实不过的流亡之梦。

出生在权贵之家的公子，为何会踏上流亡的道路？这得从重耳的兄长申生自杀这件事说起。

当年，重耳的父亲晋献公讨伐骊戎，俘获了骊戎部族的两姊妹骊姬和少姬，并对骊姬宠爱有加。骊姬想让自己的儿子奚齐继承君位，就施以诡计。晋献公听信骊姬的谗言，以为太子申生在肉里下毒要害他，盛怒之下不分青红皂白就处死了太子的老师。

申生躲藏到新城去。有人向他通报："这一切都是骊姬所为，请太子赶快到国君面前解释清楚。"

申生说："我们的国君老了，没有骊姬，他怎能睡得安稳？吃饭又怎能吃出滋味？我去辩解，只会惹他生气。我不可以这么做。"

"那就逃到国外去吧！"

"背负恶名出逃在外，有谁会接纳我呢？"

申生既不愿让父亲难过，又不愿逃到国外，便在新城自杀了。

骊姬有子奚齐，而妹妹少姬有子悼子。骊姬这么做，完全是在为儿子的未来铺路。事实上，晋献公早就想废掉太子申生，改立奚齐；而骊姬为达成目的，手段更狠。她为了帮助儿子得到权力，决定斩草除根，以绝后患。

晋献公是个糊涂国君。早年，有臣子对他说："晋国的公子太多了，若不杀掉一些，恐怕以后会出乱子。"晋献公听信了这番话，竟开始诛杀自己的儿子。

众公子纷纷逃到虢国去，只留下太子申生、重耳和夷吾在国内。虢国后来发兵攻打晋国，但没打赢，反被晋献公所灭。

骊姬继续在晋献公面前说公子重耳和夷吾的坏话，说他们两个也知道申生在肉里下毒的事情。重耳因此逃到蒲城，而夷吾逃到屈城。

太子申生已蒙受谗言轻生，如今重耳和夷吾两人的性命也危在旦夕。

晋献公二十二年（公元前655年），晋献公派兵攻打重耳所在的蒲城。

蒲城的宦官勃鞮为晋献公传达命令，不客气地催促重耳："你还不赶快自杀？"重耳不肯轻易就范，不想就此交出自己的性命，于是翻墙逃走。逃走的时候，他的衣袖被勃鞮斩断。就是从这时候起，重耳开始了他的流亡生涯。

## 投靠狄国

由于母亲是狄（亦作翟）国人，重耳便去投奔狄国。跟在他身边的人有赵衰、狐偃（重耳的舅父）、贾佗、介子推、先轸等贤士，以及其他几十个人。

晋献公又派兵攻打夷吾所驻守的屈城，直到第二年才攻破。夷吾被逼得逃往了梁国。

霸主的崛起

025

狄国的国君重情重义，不但接纳重耳，还发兵攻打咎如，助他抵抗晋兵的追捕。

狄国的国君把攻打咎如所得到的两个女子，分别送给重耳和赵衰当妻子。后来，这两个女子都为他们生下了孩子。

重耳在狄国的第五年，晋献公过世。大臣里克先杀了骊姬和奚齐等人，后来又杀了继位的悼子。大夫荀息因无法完成晋献公的嘱托，自尽而亡。

里克派人去迎接重耳，请他回来继任国君。

重耳推辞道："我违背父亲的命令出奔在外，父亲过世了，我没能尽一个做儿子的责任随侍在旁，并料理他的丧事。现在我怎么能够回去当国君呢？您还是找别人吧！"

重耳说得十分委婉，其实他是害怕晋国政局不稳，回去后恐遭不测。

里克于是改迎逃亡在梁国的夷吾回国继位，这便是晋惠公。

夷吾当上国君后，生怕里克的权力太大，对自己构成威胁，就对里克说："若不是你的缘故，我当不上国君。但是你杀了两任君王和一个大夫，想当你的主了实在有困难。"便将里克赐死。

几年后，晋惠公又担心重耳在其他诸侯的帮忙下回来抢他的君位，于是派宦官勃鞮带人去狄国杀死重耳。

重耳得知这个消息后，和赵衰等人商量，决定转投齐国。

临走前，重耳对妻子说："等我二十五年，我若没有回来，你就改嫁。"

他的妻子笑着说："二十五年后，我坟上的柏树恐怕都长大

了。"尽管如此,她仍表示愿意等待重耳回来。

算一算,重耳在狄国一共待了十二年。

## 改奔齐国,在卫乞食

重耳出发前往齐国,途中经过卫国,卫国没有以礼相待。

重耳在路上感到饥饿,向乡下人讨东西吃。乡下人不给他食物,还把土块装在器皿里,送还给他,重耳因此发怒。赵衰不以为然地对重耳说:"土,是拥有土地的意思。您应当拜谢接受才对呀!"

到了齐国之后,重耳受到很好的款待。齐桓公将宗氏之女嫁给重耳,还送他八十匹马。重耳安于这样的生活,尤其喜爱他在齐国的妻子。他在齐国一住就是五年,完全不想离开。

在这五年期间,齐桓公过世,齐孝公继位。

眼看重耳愈发沉溺于安逸的生活,赵衰和狐偃在桑树下商量着要离开齐国的计划,没想到被重耳妻子的侍女听到。侍女赶紧将消息回报给女主人,哪晓得女主人为防消息走漏竟杀了她。

重耳的妻子劝他赶快离开齐国。

重耳叹了口气,说:"人活着就是要舒服过日子,其他的事情何必想那么多呢?"

重耳的妻子说:"您是一国的公子,在穷困的时候来到这里寻求庇护。跟在您身边的这些人,他们的命运都寄托在您身上。您不赶紧回国,以报答这些劳苦的臣子,却一味贪恋女色,我真为您感到羞愧呀!您要是没有追求,怎么会有成功的一天呢?"

于是重耳的妻子和赵衰等人商议，设计将重耳灌醉，把他强行载离齐国。

走了很长一段路后，重耳醒来，气得不得了，拿着戈要杀狐偃。

狐偃故意大声说："要是杀了我能够成就您，那我死了也甘心。"

重耳负气地大喊："事情要是不成，我就吃舅舅的肉。"

狐偃笑着回应道："事情要是不成，我的肉腥臭得很，哪值得吃？"

事已至此，重耳只好硬着头皮上路。

## 在各国的不同遭遇

这一路上，重耳经过许多国家，遭遇各不相同，冷暖自知。

在曹国，曹共公并未以礼相待，他听说重耳的肋骨与众不同，是连成一片的，好奇地想看一看。

曹国大夫厘负羁劝曹共公说："晋公子具备贤德，又与您同姓，他在穷困的时候经过这里，怎么能够怠慢人家？"

曹共公不听。厘负羁只好私下送食物给重耳，并在食物下面放了一块璧玉。重耳收下食物，退还了璧玉。

在宋国，宋襄公听说重耳很贤能，便以国礼厚待，送了二十匹马给重耳。可是宋国国力不足以帮助重耳重返晋国，更何况宋襄公才被楚兵围困过，负伤在身。于是重耳离开了宋国。

在郑国，郑文公对重耳也没有以礼相待。

郑国臣子叔瞻对国君说，晋公子是个贤能之人，跟随在他身

边的都是佐国之才，要是不想以礼相待，应该直接杀了他，以免将来成为郑国的祸患。

郑文公并没有听从叔瞻的话。

重耳接着来到楚国，楚成王以接待诸侯的礼数相待。重耳推辞，不敢接受。

赵衰说："公子在外流亡了十多年，小国都轻视您，更何况大国？如今楚国这个大国坚持以隆重的礼节相待，公子就不要再推辞了。这是老天要为您开路呢！"

重耳这才以诸侯的宾客之礼，接受了楚国的款待。

## "退避三舍"的承诺

楚成王殷勤地款待重耳，重耳非常感激。

有一天，楚成王问重耳："公子有朝一日若回到自己的国家，要怎么报答寡人？"

重耳说："羽毛齿角、金玉币帛，国君宫里多得数不胜数，我想不出能拿什么来回报您。"

楚成王说："话是这么说，但总有什么能作为报答的呀！"

重耳只好说："要是日后在不得已的情况下和国君兵戎相见，两军会于平原广泽，我会退避三舍（一舍三十里）。"

楚国大将子玉听到这番话，非常生气，对楚成王说："国君待晋公子不薄，如今重耳出言不逊，请允许我杀了他。"

楚成王说："晋公子是个贤能的人，却长期颠簸在外，跟随他的人都是国之栋梁。这一切都是老天的安排，怎么能够说杀就杀？更何况我已说过善待晋公子，又怎么能够更改呢？"

重耳在楚国住了几个月。这段时间里，晋国国内的情势发生了一些变化，这直接影响到了重耳的未来。

## 秦国的扶植

十几年前，夷吾能够当上晋国国君，其实是受到秦国的帮助。但夷吾在登基后，却拒绝兑现自己答应回馈秦国土地的承诺。

晋惠公在位的第四年（公元前647年），晋国闹饥荒，向秦国购买粮食。秦穆公为拯救晋国百姓，不计前嫌，将粮食卖给晋国。

过了一年，秦国闹饥荒，向晋国购买粮食，晋惠公不但不卖粮食给秦国，还认为这是上天赐予的大好机会，出兵攻打秦国。秦穆公大怒，发兵攻打晋国，活捉了晋惠公。

秦穆公打算用晋惠公的性命来祭天。秦穆公的夫人是晋惠公的姐姐，她换上了丧服，整日痛哭流涕。秦穆公看到这种情形，一时不忍，就和晋惠公订立盟约，放他回国去了。

晋惠公八年，晋惠公派太子圉到秦国当人质。五年后，晋惠公生病重，太子圉怕惠公改立其他儿子为太子，便从秦国逃回晋国。晋惠公十四年（公元前637年），惠公过世，太子圉即位，是为晋怀公。

圉的不告而别惹恼了秦国，因此秦穆公决定扶植重耳，听说他人在楚国，便希望他能到秦国来。

重耳接受秦穆公的邀请，离开楚国前往秦国。

秦穆公对重耳礼遇有加，送了五个宗氏女子来服侍他，其中一个是圉在秦国时的妻子。

重耳不愿接受圉的妻子。随从司空季子说："这个圉，他的国家我们都要了，更何况是他的旧妻！接受吧，跟秦国结个亲，再寻求返国的机会。公子要是拘泥小节，岂不是忘了过去所受过的奇耻大辱？"

重耳听了这番话，接受了圉在秦国时的妻子。秦穆公见重耳如此顺从己意，大为高兴，于是设宴与重耳畅饮。

## 重耳回国

晋怀公即位后，害怕秦国报复，又畏惧重耳的势力，便拿重耳门下之人在国内的家人开刀，杀死了狐偃的父亲狐突，以示威慑。

晋国一些大臣听说重耳一行人在秦国，便偷偷跑来劝他们回国，还说有很多人愿意做内应。

秦穆公见时机成熟了，便派兵护送重耳回国。

晋国见秦军前来，发兵抵抗，但事实上，大家私下都知道公子重耳要回国，也都巴望着他回来。

不久，狐偃与秦、晋两国的大夫在郇地订下盟约。重耳进入晋军的营地，后来抵达晋国的曲沃。接着，重耳朝拜武宫祖庙，即位为国君，是为晋文公。

朝中的大臣都来曲沃拜见新国君。晋怀公逃亡到高梁，晋文公派人去结束了他的性命。

在外流浪了十九年，公子重耳终于回到自己的国家，当上国君。这种漂泊后的尊荣，来之不易。此后，晋文公励精图治，不仅扭转了国内混乱已久的政治局面，还成就了一番连先祖都达不到的霸业。

## 三分钟读历史关键

生命可以像蝼蚁一样脆弱，一捏即毙；也可以像蚯蚓一样顽强，被截断之后还能再生。要把生命活得像蝼蚁还是蚯蚓，就看各人怎么去面对自己的命运。

申生和重耳同样都是处在困境中的人，但申生固执于自己迂腐的想法，逃不出困境；重耳则不安于现状，最终开创了一番新的局面。

想想看，一个曾经锦衣玉食的公子落魄到必须在路上向人乞食，那是何等难堪的处境。没获得食物也就罢了，居然还被乡下人送上土块！这样的羞辱一个普通人都受不了，更何况是出身高贵的重耳。然而在赵衰的教导下，重耳学会了能屈能伸，学会了用正面的态度去看待这样的事情。

从脱离齐国安逸的生活，到作客楚国，重耳的转变非常明显。当他以"退避三舍"来报答楚成王时，这时的重耳已经不是一个如丧家之犬般的"落难公子"，而是一个准备成为一国之君的人。

霸王的崛起

## 史记原典精选

（楚）成王厚遇❶重耳，重耳甚卑❷。成王曰："子即❸反❹国，何以报寡人❺？"重耳曰："羽毛齿角玉帛❻，君王所余❼，未知所以报。"王曰："虽然❽，何以报不谷？"重耳曰："即不得已，与君王以兵车会平原广泽，请辟❾王三舍❿。"

《史记·晋世家》

（楚）成王盛情款待重耳，重耳表现得很谦卑。成王说："你若返回晋国，如何报答我？"重耳说："羽毛齿角，金玉币帛，国君多得是，我不知道要拿什么来回报您。"成王说："尽管如此，还是说说看，你要拿什么来报答我？"重耳说："日后若不得已和君王在平原大泽上兵戎相见，我会退避九十里。"

【注释】❶遇：对待。❷卑：谦卑。❸即：如、若。❹反：通"返"，返回。❺寡人：古代君王自谦之词。下面所提"不谷"也是。❻羽毛齿角玉帛："羽毛齿角"是指自然产物；"玉帛"是指财宝。❼君王所余：国君所剩下的，意指很多。❽虽然：尽管如此。❾辟：通"避"，避让之意。❿舍：古代度量单位，一舍三十里。

# 词语收藏夹

**一、秦晋之好**：在春秋时期，秦国和晋国世代联姻。后人以"秦晋之好"来比喻两家联姻。

例句　王大姐和李大哥今天结秦晋之好，祝他们幸福。

**二、退避三舍**：比喻不与人相争或主动让步，以避免冲突。

例句　遇到这么蛮横无理的人，我只能退避三舍了。

# 江山恩仇记

## 晋文公称霸的故事

关键时刻，晋文公总会广征臣子的建议再展开行动。属下的意见若是不同，他会综合各个方面来进行判断。作为一国之君，晋文公既有德又有谋。

## 战场上的礼让

晋文公五年（公元前632年），文公亲自率领大军和楚军交战。

楚军出击，晋文公下令："退！大军后退九十里！"

有军士不解地问："不向前迎战，却往后撤退，这是为什么？"

文公回答："当初我流亡到楚国，受到楚王的礼遇。我曾与他约定，若在战场上相遇，必定退避三舍，我怎能违背当初的诺言？"晋文公如此信守承诺，让将士们深为佩服，此举也成为历史上的美谈。

晋文公在当上国君之前，曾经在国外流浪了十九年。这漫长的岁月和一路的遭遇，让他刻骨铭心。对晋文公来说，流浪的日子是他宝贵的人生财富，因为他借此看清楚了很多人，明白了很多事。

## 不求禄位的介子推

当年，秦国派兵护送重耳回国，一路送到黄河边。狐偃假意说："我跟随您周游天下，犯了不少过错。这些过错，我自己都很清楚，何况是您。现在大事已定，请让我离开吧！"

重耳重新获得权势，若要报答的话，一定得从跟在自己身边流亡多年的人开始报答。功劳很大的狐偃竟还请罪，打算离去，真是万万不可。重耳立即说："要是回到晋国，我所拥有的一切不能与狐偃共享，那就请河伯惩罚我吧。"说完，他将一块璧玉投入河中。

这时，同样跟随重耳流亡多年的介子推正在船上，他听到狐偃的话，笑着说："公子的路是老天为他开的，狐偃却把它当成自己的功劳，还向主君邀赏，真是令人感到羞耻啊！这样的人，我怎么能跟他一起共事？"介子推渡过黄河后，便独自默默离去。

重耳回国后，即位为晋文公。晋文公初掌大权时政局不稳，有叛党计划谋杀他，幸亏有宦官勃鞮向其通风报信，又有秦国相助，才免去了一场灾祸。

宦官勃鞮就是当年在蒲城逼重耳自杀、后来又带猛士到狄国去追杀重耳的人。勃鞮现在向晋文公通风报信，是希望能够将功赎罪。晋文公果然不计前嫌，任用了勃鞮。

大势已定后，晋文公治国理政，施恩百姓，并赏赐跟他一起流亡的随从和功臣。功劳大的人获封土地，功劳小的人授予爵位。

这时，周王室发生变乱，周襄王的弟弟子带率兵反叛，打算篡夺王位，周襄王出奔到郑国，要求晋国出兵平乱。晋文公准备发兵去救援，于是暂停封赏之事，有些人因此没得到封赏，更别说隐居起来的介子推。

介子推从不夸耀自己的功劳，也不求封赏。他认为晋国只剩下晋文公这一位有德的王室后裔，老天若无意断绝晋国的国运，不帮晋文公还能帮谁？而那些人竟将老天的功劳据为己有，不正像偷人钱财的盗贼？他实在不愿和那些求封赏的人为伍。

介子推的母亲说："你何不去求个赏赐？为这种事气愤，能怨谁呢？"

介子推说："我已知晓那些家伙的过错有多严重了，还去效

霸王的崛起

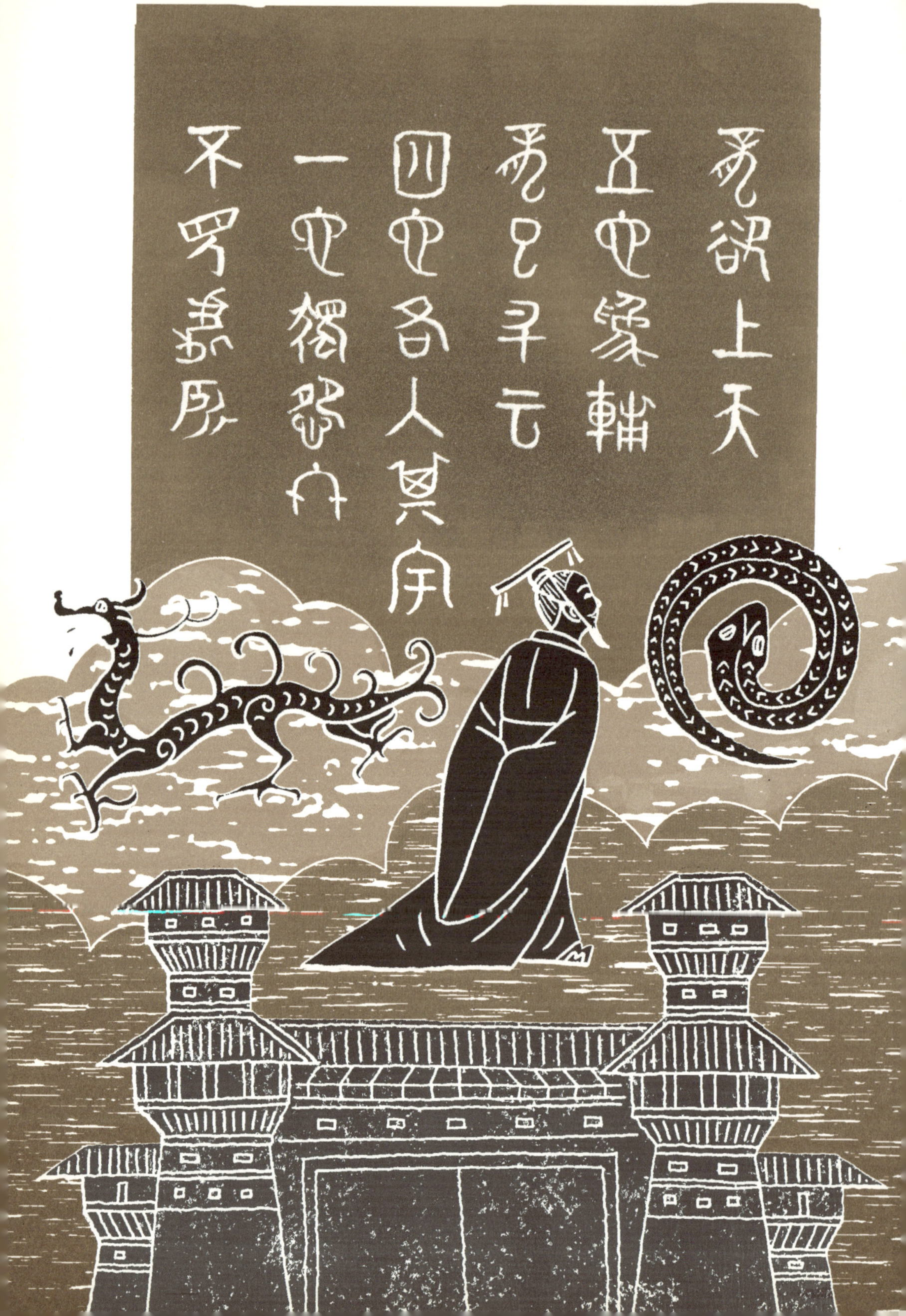

仿，罪过岂不是更大？况且埋怨的话我已经说出口了，就更不能去拿国君的这份俸禄。"

"那让国君知道事实的真相，如何？"

"说了，与请求封赏有什么区别呢？"

"好，若是这样，那我跟你一起去隐居吧！"

于是母子两人隐居在深山之中，不再出来。

跟随过介子推的人为他的遭遇打抱不平，在宫门外悬挂条幅，上面写道："龙要升天，五蛇为助。龙已升至云端，四蛇各安其位，独有一蛇哀怨，不知其所。"

晋文公见到这个条幅，说："这说的便是介子推。我为周王室的事情操劳，一时竟忘了他的功劳。"

晋文公派人去召介子推来见，这才知道他已经出走。晋文公继续命人寻访他的去处，最后得知其隐匿在绵山，便下令把绵山及周围土地都封给介子推，并称之为"介山"。

晋文公说："分封这座山，是要记下我的过错，让我记得表彰贤能的人。"

## 回报的时机

晋文公二年（公元前635年），赵衰为文公制定了霸业蓝图。他认为尊奉周王室才是晋国实现霸业的根本，因此建议晋文公抢在秦军之前，把周襄王送回洛邑，并平定"子带之乱"。周襄王因此将土地赏赐给晋文公作为褒奖。

两年后，楚成王发兵伐宋。晋文公从前流亡宋国时，曾受到

宋襄公的礼遇，获赠二十四匹骏马。大臣先轸借此对晋文公进言道："要报答宋国赠马的恩惠并建立霸业，现在正是最好的时机。"

楚宋两国间的仇怨由来已久。

齐桓公死后，宋襄公也想创立霸业，于是学齐桓公召集盟会，请求楚成王说服诸侯来拥戴他。

公子目夷说："小国争当盟主，会惹祸上身的。"宋襄公未听他的劝告。

果然，楚国在盟会上不但没帮宋襄公说话，还挟持他并攻打宋国。后来经鲁国调停，楚国才放了宋襄公。

宋襄公怀恨在心，几年后出兵攻打一向附属于楚国的郑国。

于是，楚国发兵解救郑国。两军在泓水相遇。趁楚军还没上岸，公子目夷说："敌人众多，我们兵少，不如趁这个时候进攻！"宋襄公并未听从。

等楚军过了河，还没排好阵式，公子目夷又说："快抓紧时机，发动攻击！"但宋襄公非要等到敌人排好阵式后才正式开战。结果，交战中宋军大败，宋襄公还因此受了重伤。

宋国上下都埋怨宋襄公。宋襄公说："君子不乘人之危而出手。敌人还没排好阵式，我们不能击鼓出战。"

公子目夷听了回道："打仗只求胜利，还讲什么大道理？要是打仗都像您所说的那样，那与直接去当侍奉人的奴隶有何区别呢？"

第二年，宋襄公因创伤加剧而死。

如今，楚军又来进犯，宋国连忙向晋国告急。

晋文公决定报答宋国当年对自己的礼遇。

狐偃建议："楚国刚得到曹国，又才跟卫国联姻，要是攻打曹、卫两国，楚国一定前往救援，宋国就可免去危急。"

晋文公采纳了狐偃的建议，率领大军向曹、卫两国进发。

## 解除危机的妙计

卫侯原本想和晋国订立盟约，但晋国不答应。

卫侯又想跟楚国联盟，可卫国百姓不同意，群起赶走了他们的国君，以讨晋国的欢心。

晋国向卫国进军后，楚国果然前来救援，但未能获胜。

晋军继而攻打曹国，不久便进入曹国的都城。

厘负羁在晋文公流落到曹国时，曾劝曹共公不可对晋文公失礼，又私下送食物给他。因此在攻打曹国国都时，晋文公下令军队不得侵扰厘负羁的宗氏家族，以回报厘负羁当年对自己的盛情。

后来楚国又围困宋国，宋国又向晋国求救。

看来若要真正解除宋国的危机，只能直接攻打楚国。可若要救宋而攻楚，就会愧对楚国的恩情；而若放弃宋国，又会辜负宋国的恩情。打也不是，不打也不是，晋文公不知该如何是好，为此相当烦恼。

先轸提出一个办法："我们把曹伯和卫侯抓起来，把曹、卫两国的土地分给宋国，楚国急于营救曹和卫，情势自然对解救宋国有利。"

晋文公觉得这个办法可行，便按照先轸的提议进行。

楚成王不久果然自宋撤兵。

## 城濮之战

楚国大将子玉不满晋国的所作所为，对楚成王说："君王过去待晋国国君不薄。如今他知道楚国会为曹、卫两国着急，还故意去攻打他们，这分明是藐视您。"

楚成王说："晋国国君在外流亡十九年，历经长期的折磨才回到自己的国家。他历经艰难险阻，又能善待自己的臣民。这是老天在为他开路，不要阻挡。"

子玉依旧请求出兵。楚成王不高兴，没有给他太多的兵马。

子玉派使者前往晋国，告诉晋文公："请放了曹伯和卫侯，并归还曹、卫两国的土地，我们会就此放过宋国。"

狐偃对晋文公说："子玉真是无礼！您身为晋国国君才得到一项好处，他作为楚国臣子竟想拥有两项好处。不要答应他！"

先轸说："让人安定才叫作有礼。楚国的一句话能安定三个国家，而您的一句话却让三个国家失去安定，这是我们失礼。但不答应楚国的要求，就是抛弃了宋国。我们不如私下利诱曹、卫两国，答应让他们复国。然后把楚军派来的使者关起来以激怒楚军，等交战之后再来想计策。"

于是晋文公下令把来使关在卫国，并允诺曹、卫两国恢复他们原先的地位和国土，曹、卫两国因此宣告和楚国断绝关系。

楚将子玉大怒，出兵进攻晋军。晋文公退避九十里，回报楚成王过去对他的礼遇。楚国军队也想退，但子玉将军不肯。

晋文公五年四月，晋文公联合宋、齐、秦三国，领军驻扎在城濮，与楚军交战。

楚军吃了大败仗，子玉只得收拾残兵，返回楚国。

郑国原本和楚国是同一阵线，出兵帮助楚国，此时见楚国兵败，心怀恐惧，便派人向晋文公请求订立盟约。晋文公答应了郑国的请求。

## 成为霸主

晋文公五年五月，晋国将楚国的战俘献给周王朝，计有战马一百匹、步兵一千人。周天子派使者任命晋文公为霸主，还赏赐他大车、弓、箭、酒、玉器和勇士等礼物。晋文公正式成为天下公认的霸主。

子玉兵败回到国内，楚成王责备他先前不听劝告，一心只想和晋国作战。子玉便引咎自杀了。子玉一死，晋文公才对楚国完全放心。

不久，晋文公派人送卫侯回国。到了冬天，又放了曹共公，并恢复他的君位。

这次大战后，论功行赏，狐偃居首功。

有人表示异议："城濮之战是先轸出的计谋。"

晋文公说："城濮之战，狐偃曾劝我不要失信，而先轸认为打仗以求胜为目的。我采用了先轸的意见获得胜利，但战胜只是一时之利，不失信才是万世之功，岂有让一时之利凌驾万世之功之上的道理？因此我让狐偃居首功。"

从这件事，也可看出晋文公不凡的气度和胸襟。

霸王的崛起

## 最后的复仇

晋文公七年（公元前 630 年），晋秦两国合力围攻郑国。这是因为晋文公当年流亡郑国时，郑国国君曾对他无礼，而在城濮之战时，郑国又出兵帮助楚国。

郑国大夫叔瞻当年曾劝郑国国君杀掉重耳，这时知道自己在劫难逃，于是自杀。郑国人拿叔瞻的遗体去见晋文公，晋文公说："不捉到郑国国君，我是不会善罢甘休的。"

郑国国君惶恐至极，偷偷派人去游说秦穆公："郑国亡了，只有晋国得到好处，秦国完全没有利益可言。秦国国君为什么不撤兵解围，让郑国作为秦国东边道路上的主人，以供应秦国使者在来往旅途中所欠缺的物资呢？"

秦穆公听了这番话，觉得很有道理，便撤了兵。不久，晋国也撤兵了。

两年后，也就是晋文公在位的第九年（公元前 628 年），晋文公去世。同年，郑国国君也过世了。

晋文公以不到五年的时间完成霸业，并在追求霸业的过程中快意人生，有恩报恩，有仇报仇。晋国之所以能在春秋时期维持百余年的威名于不坠，就是因为在晋文公时期奠定了良好的基础。

晋文公之所以能取得这样的成就，十九年颠沛流离的生活可以说是居功至伟。都说"苦难是一个人一生的财富"，苦难，让晋文公成就了一生的霸业。

# 三分钟读历史关键

战场上讲究"兵不厌诈",宋襄公却坚持不乘人之危,太史公在《史记》中称赞宋襄公"有礼让",这是不以成败论英雄。

太史公的这个观点可能无法得到多数人的认同,因为宋襄公犯的过错实在太多,光是具有礼让精神不足以让他成为"真英雄"。

宋襄公性格最大的缺陷是不自量力,国小却一心想当盟主;其次是他一意孤行,完全不听旁人的劝告。

相比之下,晋文公作为一国之君,显得既有德又有谋。在关键时刻,晋文公都会广征臣子的建议再行动,如采纳先轸的"牵制"手段,完美解决攻楚或弃宋的两难。属下的意见若是不同,他就会从各个方面来进行判断,例如在城濮之战后,推狐偃居首功,就是看重狐偃所强调的"信"在治国理念上的价值。

对照晋文公与宋襄公的做法,可看出一个人的成功,是有其必然的原因的。

# 史记原典精选

楚围宋,宋复告急❶晋。文公欲救则攻楚,为❷楚尝❸有德❹,不欲伐也;欲释❺宋,宋又尝有德于晋。患之。先轸曰:"执❻曹伯,分曹、卫地以与宋,楚急曹、卫,其势宜释宋。"于是文公从之，而楚成王乃引兵归。

楚将子玉曰："王遇晋至厚，今知楚急曹、卫而故伐之，是轻王。"王曰："晋侯亡在外十九年，困日久矣，果得反国，险厄尽知之，能用其民，天之所开，不可当。"子玉请曰："非敢必有功，愿以闲执谗慝之口也❼。"楚王怒，少与之兵。

《史记·晋世家》

---

楚国围攻宋国，宋国又向晋国求援。晋文公若想解救宋国就得攻打楚国，而楚国曾经有恩于他，所以他不想出兵攻打；如果舍弃宋国不救，可宋国也曾经有恩于晋国。晋文公为此发愁。先轸说："把曹共公捉起来，把曹、卫两国的土地分给宋，楚国急于援救曹、卫两国，为顾全情势便会放过宋国。"晋文公接受了这项建议，楚成工果然领兵回国。

楚国大将子玉说："成王对晋国太好了，今天文公知道楚国与曹国、卫国关系密切却故意攻打它们，这是轻视君王。"成王说："晋侯在外逃亡十九年，受困的时间太久了，终于返回晋国。他因尝尽了艰难险阻，就能正确对待百姓，上天为他开路，他不可阻挡。"子玉仍请兵说："不敢说一定能建功立业，只求消灭中伤诽谤的言论。"楚王很生气，只给他很少的军队。

【注释】❶告急：因急难而向他人求救。❷为：因为，由于。❸尝：曾经。❹德：恩惠。❺释：舍弃。❻执：捉拿。❼愿以闲执谗慝之口也：我想以此堵住进谗之人的嘴。间：借机。执：塞，堵住。谗慝：说人坏话。

## 词语收藏夹

**一、介之推不言禄**：这句话用来比喻一个人但求尽心而不求功名。

例句　世人争名夺利，能够做到"介之推不言禄"的究竟有几个？

**二、宋襄之仁**：指拘泥于陈腐的仁义之道，而延误大事。相似的词语有"妇人之仁"。

例句　商场如战场，倘若怀着宋襄之仁，恐怕就要丧失商机了。

# 问鼎

## 楚庄王称霸的故事

心之为用大矣哉！

从楚庄王身上，

可以发现因心念和愿景而产生的力量！

这让楚庄王成为春秋时期的真霸主！

## 问鼎于周使者

楚庄王从在位的第三年起（公元前 611 年），开始对外用兵，先消灭庸国，后讨伐宋国。

楚庄王在位的第八年（公元前 606 年），庄王打败陆浑的戎族之后，来到洛水边，在周朝国都洛邑的郊外陈列部队，展示军容。这个举动震撼了周王朝，于是周定王派出使者王孙满前来"犒劳"。

楚庄王向王孙满询问了九鼎的大小和轻重。

九鼎，是天子权力的象征。楚庄王问鼎，用意很明显，想借此表明自己对权力的欲望，大有取代周王室的意思。

王孙满回答："重要的是政治上的操守，不是九鼎的轻重和大小。"

楚庄王不满地说："你不要仗着周朝有九鼎才说这种话！我告诉你，楚国只要把戟上的钩尖折下来，就能铸成九鼎。"

这话口气不小。一个来自南方的诸侯，竟敢用如此蛮横的语气跟天子的使者说话，他是哪里来的底气？

然而更令人感到诧异的是，这个进逼周王室、让周天子倍感威胁的楚庄王，在几年前还被臣子认为是个昏庸的国君呢！

是什么促成了楚庄王的改变呢？

## 一鸣惊人

楚成王过世后，穆王继位。楚穆王在位十二年，又将王位传给楚庄王。

楚庄王即位后，三年里什么国家政事都不管，每天只是饮酒作乐，还下令："谁要是敢劝谏，谁就是找死，一律杀无赦。"

臣子伍举偏偏不怕死，决定进宫劝谏，但他用的方法很委婉。

当时，楚庄王左搂美女，右抱姬妾，正坐在钟鼓乐队之间。

伍举说："臣想出个谜语给大王猜一猜：山丘上有只鸟，三年不飞也不叫，请问这是什么鸟？"

楚庄王听出这话别有所指，便回答："这只鸟三年不飞，一飞就要冲上云霄；三年不叫，一叫就要让人吃惊。伍举退下吧！我知道你的意思了。"

几个月后，楚国大夫苏从也来劝谏。

楚庄王问他："难道你没听到我下达的命令吗？"

苏从说："要是付出生命能让主上清醒，我死也瞑目！"

就是从这时候起，楚庄王像变了个人似的，停止所有的享乐，开始认真治理国家。他杀了几百个小人，另外任用了几百个贤良之臣，并把政事托付给伍举和苏从。

## 如何安葬一匹马？

楚庄王有南方人的桀骜不驯，但并非冥顽不灵。只要道理说得深入明白，他都听得进去。从葬马这件事就可以证明楚庄王是个知错能改的国君。

彼时，楚庄王有一匹非常心爱的马，它身上穿着锦绣的衣服，被养在豪华的屋子里，睡的是只少了帷帐的床，吃的是腌渍过的枣肉。最后，这匹马因肥胖病死了。

庄王叫臣子们为这匹马办理丧事，要求比照大夫的葬礼，用棺椁来安葬。众臣议论纷纷，都认为此事万不可行。

楚庄王下令：“有谁敢为马的事情劝谏，我就赐他死罪。”

楚庄王身边有个专门说唱逗笑的弄臣，名叫优孟，他听说这件事情后，便跑进宫里，仰天大哭。楚庄王惊讶地问他为什么哭。优孟说：“堂堂楚国有什么事情办不到？大王那么爱这匹马，如今以大夫之礼来安葬，实在是太对不起这匹马了！恳请主上以国君之礼来安葬它。”

“哦？怎么做？”

“我恳请大王用雕刻的美玉来做棺，用带有纹饰的梓木来做椁，用枫木等贵重的木材来做棺椁外的迭木。派士兵挖掘墓穴，派老人和小孩背土筑坟。让齐国和赵国在送葬队伍的前面陪祭，让韩国和魏国在后头做护卫。还要盖一座庙来祭祀这匹马，让它享有猪牛羊的太牢祭品，并获得一个万户的城邑的供奉。当诸侯们听到这件事，一定都会了解大王您是把人看得如此低贱，而把马看得如此尊贵。”

庄王听完优孟的话，心里完全明白了，便说：“想不到我犯了这么大的过错！现在该怎么办？”

优孟说：“请大王让我用对待牲畜的方式来安葬这匹马。我会用土灶做椁，用铜锅做棺，放一堆调味料陪葬，再用稻米当祭品，用火光来做它的衣服，然后好好地将它葬到人的肚子里。”

于是，庄王便把马匹交给王室的厨房处理，不再张扬此事。

如今，桀骜不驯的楚庄王来到周王室国都的郊外，向天子的

霸王的崛起

使者王孙满问起九鼎的大小和轻重。王孙满是不是也有优孟那样的好口才呢?

## 鼎的实际轻重

王孙满见庄王一心只想着九鼎,便从鼎的历史谈起:"从前,虞舜和夏朝兴盛的时候,远方国家都来归附,九州的牧首贡献金属,铸成了鼎。他们在鼎上刻的图像,包罗万象,让人民借此知道了鬼神的情形。夏桀荒淫无道,鼎转移到殷商,国运享有六百年。商纣残暴,鼎又转移到周朝。这些事,难道君王您都忘了吗?"

楚庄王仔细听着。

王孙满接着谈起九鼎和政治的关系:"政治要是处理得好,鼎虽小,却一定是重的,任何人都动不了它;政治要是处理不好,朝中一片乌烟瘴气,鼎虽大,却一定是轻的,随时都会转移。"

楚庄王听出这话中的含意。

王孙满又进一步分析九鼎对周朝的意义:"从前,周成王把九鼎安置在郏鄏这个地方,占卜得知九鼎将传世三十代,国运会有七百年。周王朝如今衰微了,但上天所赋予的天命仍未改变。鼎的轻重,实在是不好过问啊!"

王孙满把话讲得相当坦白,庄王听完这些话,便带部队回楚国了。

## 楚庄王的霸业

楚庄王回到楚国后,并没有停止他的霸业。

楚庄子十三年，庄王灭了舒国。楚庄子十六年，夏征舒杀了陈国的国君，楚庄王派兵前去讨伐。

后来，夏征舒死了，陈国也破了，楚庄王便把陈国收编为楚国的一个县。

所有臣子都向楚庄王恭贺，独独申叔时没有任何表示。楚庄王问他是何缘故？

申叔时说："俗话说：'牵牛径人田，田主取其牛。'径自走到人家的田里固然不对，但夺取别人的牛不是更过分吗？大王因为陈国内乱而去讨伐，这本是出乎道义，但最后竟侵占陈国，把它纳为自己的一个县，以后拿什么去号令天下？"

楚庄王听了这番话，明白了其中的寓意，便恢复陈国，让陈国国君的后代来治理。

楚庄王十七年（公元前 597 年）春天，楚庄王围攻郑国，只花了三个月的时间就攻克了郑国的国都。进入郑国国都时，郑伯光着上身，牵着羊来迎接，向楚庄王表明自己的罪过，请求楚庄王的宽恕。

郑伯说："只要不灭郑国，就算把我赐给诸侯当奴隶，我都愿意。"

楚国大臣劝楚庄王不要答应，但楚庄王说："郑国国君能够低声下气，一定也能够以诚信对待百姓，怎么能这样断了他国家的祭祀？"于是楚庄王亲自举旗，号令大军退避三十里，并和郑国讲和。

同年夏天，晋国发兵来救郑国。楚军迎战，在黄河河边大败晋

霸王的崛起

军。这是楚国自城濮之战以来对晋国的首次胜利，也算是一雪前耻。

楚庄王二十年（公元前594年），楚国要派使者到齐国去，便向宋国借道。

由于宋国先前跟楚国有仇，便杀了楚国使者。楚庄王为此发兵攻打宋国。

宋国被围困了五个月，城里粮食耗尽，百姓互换孩子来吃，还把人骨当作柴火来烧。

宋国大臣华元在夜里私下会见楚将子反，把这种情形告诉他，希望楚国能退兵。子反转告楚庄王。楚庄王一听，只说："华元是个君子。"就带兵回国了。

楚庄王二十三年（公元前591年），庄王过世。

楚庄王在位期间是楚国国力最鼎盛的时期，从此以后，楚国再也没有出现过这样的光景。


## 三分钟读历史关键

一个人会取得什么样的成就，最关键的是心念问题。

楚庄王最初沉溺于安逸的生活，不思作为，并不是他没有治国的能力，而是他没有这个心思。被伍举和苏从开导后，楚庄王决定振作，不过几年的时间，气势就直逼周王室，与当年拥姬搂妾之人不可同日而语。"心之为用大矣哉！"这句话在楚庄王身上是最恰当的。

想要取得成就，除了心念的问题，其次是愿景。

楚庄王若一味顺从欲望的发展，大可灭陈、灭郑和灭宋，但他总是在关键时刻及时回头，为的是借此凸显一些"道义"的价值。他原先只在意"扩张领土"和"取得统治权"，后来演变成追求"令人诚心悦服"的威严。不在乎小利而在乎大利，这样的愿景让楚庄王成为春秋时期的真霸主！

从楚庄王身上可以发现，因心念和愿景而产生的改变具有那么强大的力量！

## 史记原典精选

庄王即位三年，不出号令，日夜为乐，令国中❶曰："有敢谏者死无赦！"伍举入谏。庄王左抱郑姬，右抱越女，坐钟鼓❷之闲❸。伍举曰："愿有进隐❹。"隐曰："有鸟在于阜❺，三年不蜚❻不鸣，是何鸟也？"庄王曰："三年不蜚，蜚将冲天；三年不鸣，鸣将惊人。举退矣，吾知之矣。"居数月，淫益甚。大夫苏从乃入谏。王曰："若不闻令乎？"对曰："杀身以明君，臣之愿也。"于是乃罢淫乐，听政，所诛者数百人，所进者数百人，任伍举、苏从以政，国人大说。是岁灭庸。

六年，伐宋，获五百乘。

八年，伐陆浑戎，遂至洛，观兵于周郊。周定王使王孙满劳楚王。楚王问鼎小大轻重，对曰："在德不在鼎。"

《史记·楚世家》

---

楚庄王在位三年，不发布国家政令，日夜享乐，还下令警告国都里的人："有敢劝谏的，赐死罪，绝不宽恕。"伍举入宫劝谏。庄王左边抱着郑国来的姬妾，右边抱着越国来的美女，坐在钟鼓乐队之间。伍举说："想请大王猜个谜语。"接着说，"山丘上有只鸟，三年不飞不叫，请问这是什么鸟？"庄王说："这只鸟三年不飞，一飞就直冲云霄；三年不鸣，一鸣便惊人不已。"过了几个月，楚庄王更加骄奢淫逸。苏从大夫就入宫进谏。楚庄王说："你没有听到我的诏令吗？"苏从回答说："舍身而使您贤明，这是我的夙愿。"楚王于是停止寻欢作乐，开始处理政务，杀死了几百个有罪之人，提拔了几百个有功之臣，任用伍举、苏从管理政务，举国上下欢欣鼓舞。当年楚国灭亡庸国。

楚庄王在位的第六年（公元前608年），楚国讨伐宋国，缴获五百辆战车。

楚庄王在位的第八年（公元前606年），楚国讨伐陆浑戎时，抵达洛，在周王室都成郊外阅兵。周定王派王孙满犒劳楚庄王。楚庄王向王孙满询问鼎的大小轻重，王孙满回答道："统治国家在于德政不在于鼎。"

【注释】❶国中：国都里的人。❷钟鼓：意指乐队。❸闲：通"间"。❹隐：隐语、谜语之类。❺阜：山丘、山岗。❻蜚：同"飞"。

# 词语收藏夹

**一、一鸣惊人**：意同于"一飞冲天"。比喻平常默默无闻，一旦有所施展，成就便令人刮目相看。

例句　这次考试，过去成绩一直平平的大雄一鸣惊人，居然名列全校前三名。

**二、问鼎中原**：比喻有心角逐或追求功名地位。

例句　楚庄王野心勃勃，欲取代周王室，问鼎中原。

**三、肉袒牵羊**：光着上身，手里牵着羊。比喻请罪降服。袒，裸露。典出郑伯向楚庄王请罪的故事。

例句　请容我肉袒牵羊，向你致以十二万分的歉意。

# 挂在东门上的眼睛

## 伍子胥和吴王的故事

太史公赞美季札富有「仁心」，也赞美伍子胥能够隐忍以成就功名。

事实上，两人都是历史上有名的「悲剧人物」，命运之神以一种嘲讽的态度，铺就他们的人生。

## 伍子胥过昭关

伍子胥想活命就得通过这一关。

这一关叫作昭关，位于楚国和吴国的边界。伍子胥本想蒙混过关，不料还是惊动了守关的人，引来楚国官兵的追捕。

楚兵追得很急，伍子胥一路仓皇地逃到江边。这时候，江上有个渔夫大喊："快！快上我的船！"没多久他便把伍子胥送过了江。

伍子胥上了岸，立刻解下身上的佩剑，送给渔夫，说："这把剑价值百金，请收下！"

渔夫笑了笑，说："楚国下令，凡是捉到伍子胥的，赏赐粮食五万石，再封爵位。这样的报酬我都不要，还在乎你这把只值百金的剑？"渔夫坚持不肯接受。

伍子胥谢过渔夫，继续上路，准备投奔吴国。但还没走到吴国国都，他就病倒在路上，饿得向人行乞。

伍子胥也叫伍员，出身楚国名门。他的父亲伍奢是太子的老师，祖父是因劝谏楚庄王而闻名于世的伍举。伍子胥原本应该留在楚国，为祖国效力，如今却逃亡在外，还沦落为乞丐。这是伍子胥人生中最难堪的时期，但伍子胥隐忍下来，为的是要保全性命为父兄报仇。

他发誓有朝一日，一定要向楚国复仇。

## 无中生有的迫害

伍子胥一家遭到迫害，缘于一个毫不相识的秦国女子。

当年，楚平王派费无忌到秦国为太子建定亲。

秦国公主姿色姣好，费无忌一见，先行回国报告楚平王，说："这秦国公主是个绝世美人，大王可纳为己有。至于太子，日后为他另娶新妇就是。"

世间真有这样的美人？楚平王难以抵抗美色的诱惑，就照费无忌的建议把秦国公主纳为自己的妃妾。

费无忌和伍奢同为太子的老师，官居太子少傅，费无忌一味讨好楚平王，却因此得罪了太子。

费无忌心想，楚平王总有一天会过世，等太子继位，自己倒霉的日子也就来了。于是费无忌心生歹念，决定陷害太子。从此，他常在楚平王面前说太子的坏话，疏离两人的关系。楚平王因此命令太子去驻守边关，不让他待在都城里。

费无忌天天进谗言，说太子为秦国女子的事心生怨恨，迟早会联合其他诸侯一起造反。楚平王为了查证，把太子的另一个老师伍奢找来盘问。

伍奢一见楚平王，知道此事是费无忌从中挑拨，便向楚平王说："大王怎么能够听信奸佞小人的话，而疏远自己的亲生骨肉？"

费无忌反将一军，说："大王再不阻止，他们的计划眼看就要得逞。大王一定会被抓起来的！"

楚平王大怒，把伍奢关进牢里，还命令边关守将害了太子的

霸王的崛起

065

性命。边关守将知道太子是无辜的，便赶紧派人通风报信，太子建于是逃到宋国去了。

费无忌对楚平王说："伍奢的两个儿子伍尚和伍子胥，都很有贤良之名，若不杀掉，以后会成为祸患。"于是君臣两人商量好计谋，对伍奢说："你把你的两个儿子召来就留你活口，不然就赐死。"

伍奢说："尚为人仁慈，召他来，他一定会来；子胥为人刚毅坚忍，是可以做大事的人，他知道一来就要被抓，一定不会来。"

楚平王才不理会伍奢怎么说，一切按照计划进行。

伍尚一听召唤，果然打算前往。伍子胥对哥哥说："任谁看了都知道这是想将我们父子一网打尽的陷阱。与其前往，跟父亲一起白白牺牲，不如逃到其他国家去，借别人的力量来报仇。"

伍尚难过地说："我知道这一去，绝对无法保全父亲的性命。但父亲既然已经召唤，我要是不去而日后又无法报仇雪恨，岂不是教天下人笑话？"伍尚接着对伍子胥说："你就走吧！你是可以为父亲报仇的人，而我能做的是陪父亲共赴黄泉。"

伍尚束手就擒，来人又要捉拿伍子胥。伍子胥张开弓，把箭对准来人，吓得他们不敢上前。

伍子胥听说太子建在宋国，便逃往宋国。

伍奢听到伍子胥逃脱的消息，说："楚国君臣怕是要为战争所苦了！"没多久，他和伍尚就被楚平王杀害了。

## 奔向吴国

伍子胥来到宋国，与太子建会合。恰巧宋国这时发生内乱，于是他们转而投奔郑国。郑国对太子建以礼相待。后来，太子建又流亡到了晋国。

晋国国君与太子建商议，要太子建回郑国做内应，等灭掉郑国，就把郑国的土地封给太子建。太子建于是又回到了郑国。

不久，太子建为了一件事要杀一名随从。那名随从便把太子建和晋国的秘密计划告诉了郑国国君，郑国国君便杀了太子建。伍子胥连忙带着太子建的儿子胜，投奔吴国。

在过昭关时，为减少目标，伍子胥和胜分头行动。伍子胥逃过了守关楚兵的追捕，却病倒在路上，沦为乞丐。在人生最潦倒的时候，他仍怀揣着满腔复仇的怒火，初衷不改。

## 公子光的弑君计划

吴国国君的名字叫僚，这时已在位五年（公元前522年）。通过公子光的介绍，伍子胥拜见了僚，向僚游说攻打楚国的好处。

公子光说："子胥的父亲和兄长都被楚王杀了。他只是想报仇罢了。我看不到有什么好处。"

公子光的父亲诸樊曾经当过吴国的国君，已经去世。诸樊有三个弟弟，依次是余祭、夷眜和季札，其中以季札最为聪明也最有贤名。当初，先王寿梦想把君位传给季札，季札坚持不肯接受，寿梦才把位子传给长子诸樊。

诸樊也想把君位让给季札，但季札仍不肯接受，甚至为此归隐田野。

诸樊想出一个办法，采用"兄终弟及"的传位方式，让二弟、三弟轮流当国君，心想最后总会轮到四弟季札。哪晓得在夷眛过世后，季札还是坚持不肯接位。吴国不可一日无君，于是国人便推夷眛的长子僚继位。

公子光对这样的结果很不满。他是诸樊的长子，季札既然不愿当国君，那么按理应该由他继承才对，怎么会轮到僚？公子光因此总想除掉僚，并打算用武力夺回他本该拥有的国君之位。

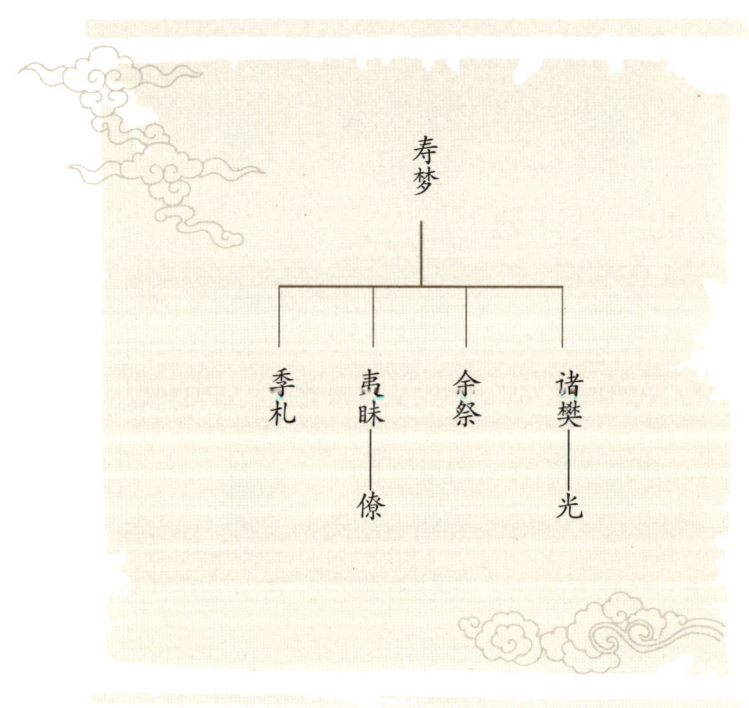

吴王寿梦后裔表

足智多谋的伍子胥看穿了公子光的心思。

在他看来，公子光的企图心很强烈，是个比吴王僚更适合的助他复仇的人。公子光现在不愿对外用兵，是因为心里的欲望还未实现，一旦他当了国君，满足了自己的欲望，一切就好说了。

伍子胥决定助公子光一臂之力，便将自己在流亡途中结识的一名叫专诸的勇士推荐给他。

公子光得到专诸，了解到专诸是个忠心不怕死的人，兴奋之下便把伍子胥奉为宾客。伍子胥这时以退为进，与太子建的儿子胜一起退隐到乡间去，等待时机。

## 专诸刺杀吴王僚

吴王僚十二年（公元前515年），楚平王过世，楚昭王继任为楚国国君。这昭王便是秦国公主为楚平王所生的孩子。昭王即位后，见国人都怨恨费无忌以谗言陷害太子建和忠良的伍奢一家，便把费无忌杀了。

第二年春天，吴王僚趁着楚国正值国丧期间，派遣公子盖余和烛庸带兵围攻楚国的两座城池，再派季札出使晋国，以观察诸侯的动静。然而楚军断了吴军的后路，吴军根本就回不去。

公子光看到这情形，认为机不可失，便把专诸找来，告诉他："我才是真正该当国君的王嗣。我不去追求，又怎么能够得到国君之位？一旦我成功了，就算季札回来，也不会把我废掉。"

专诸明白公子光的意思，说："要杀吴王僚没问题！他的母亲老迈，儿子还小，而两位公子都被派去攻打楚国，却被楚军围

困。外无救援，内无可依靠的重臣，他奈何不了我。"两人的意志相合。公子光说："从现在开始，你就是我，我就是你。"

计划议定后，在四月的某一天，公子光预先在地下室埋伏了一批穿甲胄的武士，然后邀请吴王僚到家中畅饮。

吴王僚很谨慎，卫兵从王宫一路列队到公子光的家里。台阶上、座位旁，都站着吴王僚的亲信，而且每个人都握着剑。防卫如此严密，专诸要如何下手？

宴会进行到一半时，公子光假装脚痛，躲到地下室去。

只见专诸假扮成侍者，端着一盘烧好的鱼，前来进献给吴王僚。就在接近吴王僚的一瞬间，专诸拿出一把预先藏在鱼肚里的匕首，往吴王僚身上刺去。吴王僚当场毙命。

眼看吴王被刺，吴王的亲信们也立即拔剑将专诸刺死。

趁着混乱之际，躲藏在地下室的武士蜂拥而出，把吴王僚的亲信一一消灭。

不久，公子光自立为国君，这便是吴王阖闾。即位后，为了

报答专诸，吴王阖闾封专诸的儿子为上卿。

季札从晋国出使回来，看到这种情形，只能在吴王僚墓前痛哭，无奈地接受了事实。两位被围困的公子听说吴王僚被杀，而公子光自立为王，便投降了楚国，索性不回吴国了。

阖闾元年（公元前514年），吴王召伍子胥入宫，授予他专管外交的"行人"一职，与他共谋国事。

同年，楚国的伯嚭因祖父被杀，前来投奔，被吴王封为大夫。

## 伍子胥的愤怒

在复仇的道路上，伍子胥愈来愈接近他的目标。

吴王阖闾从在位的第三年起，就连年对外用兵，并在征战楚国时杀死了两位投降楚国的吴国公子。

吴国不仅有足智多谋的伍子胥，还有孙武。孙武擅长兵法，是一位能将吴王的后宫姬妾训练成作战部队的军事家。

阖闾九年（公元前506年），在孙武的建议下，吴国联合唐、蔡两国，前去攻打楚国。抵达汉水时，楚国发兵抵抗，双方隔着汉水摆开阵式。

阖闾的弟弟夫概想要进攻，阖闾不准。夫概说："大王既然把军队交给我，就要信任我。作战追求的就是胜利，现在还等什么呢？"于是夫概率领部下五千人偷袭楚军，楚军大败而走。

吴王见有机可乘，发动大军追赶，历经五次战役，把楚军打得落花流水。

楚昭王见情势不妙，逃出郢都。吴国大军长驱直入，攻进楚国国都。

从父兄被杀后，伍子胥历经了十六年才得以返回故土。然而楚平王和费无忌早已亡故，伍子胥想拿楚昭王来抵命，但怎么搜寻都找不到这个早已脱逃的楚国国君。于是，满腔怨恨无处发泄的伍子胥把楚平王的遗骸从坟墓里挖了出来，狠狠地鞭打了三百下，才算出了一口气。

## 逃过灭国厄运的楚国

申包胥是楚国的大臣，也是伍子胥的旧交。伍子胥出逃前，曾对申包胥说："我一定会消灭楚国。"

申包胥对伍子胥说："那么我一定会尽全力挽救它。"

吴军入楚，申包胥逃进山里。听到鞭尸的事，申包胥派人去告诉伍子胥："你要报仇，手段未免太激烈了。我听说积众人之力可以胜天，但天意的安排也能让人毁灭。你是平王的旧臣，曾侍奉过他，如今却这样羞辱一个已经入土的死人，就算世间再没有天理，也不能容许你这样！"

伍子胥对来人说："请代我向申包胥表达歉意！我现在就像一位行走在黄昏时刻的旅人，天色将暗，而我的路途仍旧遥远。我的时间紧迫，只能倒行逆施，违背常理来行事。"

申包胥接着赶往秦国，请求秦国出兵相助。秦国不答应。申包胥就在秦国宫廷内站着痛哭，白天哭，晚上也哭，一连哭了七天七夜不停止。

秦哀公怜悯申包胥道："楚国无道，但还有这样的臣子，谁

能忍心不让它继续存在呢？"于是他发兵救楚，秦军与吴军初次交锋，大获全胜。

吴王阖闾本来想留在楚国继续搜捕楚昭王，然而他的弟弟夫概居然趁虚返回吴国，自立为王。阖闾听到这个消息，急忙自楚国撤兵，回国攻打夫概。夫概吃了败仗，逃往楚国。

楚昭王见吴国发生内乱，也乘机回到国都郢城，并给了前来投靠的夫概一块封地。后来，吴楚两国又打了一仗，但这次获胜的是楚军。

过了两年，阖闾派遣太子夫差领兵攻打楚国，占领了楚国的一座城池。楚国害怕吴国大军再来，便将国都从郢迁到鄀。

## 吴王夫差的杀父之仇

吴国不只对西边的楚国用兵，也对南边的越国进行征伐。事实上，在此之前，吴、越两国已经交战过好几回。

阖闾十九年（公元前 496 年），吴国发兵攻打越国。

越王勾践使用一种奇特的战术迎敌。他派出三组敢死队，令他们轮番在阵前大声呼喊，然后用剑抹脖子自尽。吴军一见这种奇怪的战法，全都傻眼了。越军乘机出击，居然打败了吴国大军，还伤了阖闾的脚趾。

阖闾不久因伤而死。死前，他含恨对太子夫差说："你会忘了勾践的杀父之仇吗？"

夫差回答："不敢忘。"

夫差继位为吴王，重用伯嚭，任命他为总管国家政事的太宰，并勤于练兵，一心想要报越王勾践的杀父之仇。

继位后的第二年（公元前494年），夫差率领精兵，大败越军。

勾践聚集剩下的五千甲兵，驻扎在会稽山，派大夫文种贿赂伯嚭，请他求情讲和，转达越国愿意当吴国属国的心意。

夫差想答应，但伍子胥劝说道："越王是个能够忍辱负重的人。大王今天要是不消灭他，将来一定会后悔。"

最后吴王选择听取伯嚭的意见，和越国订约讲和。

## 伍子胥的预言

五年后，夫差听说齐景公过世，齐国内大臣争宠，而新立的国君能力不足，国家局势动荡，于是想发兵攻打齐国。

伍子胥又向夫差劝谏："勾践现在吃东西都不挑食，对百姓非常照顾，这是想要有所作为的准备。此人不除，势必成为吴国的祸患。对吴国来说，越国是一块心病，大王不先解决眼前越国这个难题，却要去攻打齐国，这岂不是错得离谱吗？"

夫差仍然听不进伍子胥的劝告。攻打齐国取得胜利后，夫差声名远播，因此更加不相信伍子胥了。

又过了四年（公元前485年），夫差准备再度攻打齐国。

勾践采用子贡的计谋，率众助吴国一臂之力，还送了许多财宝给太宰伯嚭。

太宰伯嚭愈发偏袒越国，整日在吴王面前说勾践的好话，而吴王也愈发信任勾践。

伍子胥再次劝谏："越国是吴国的心腹之患，不去攻打他们

已经是犯了大错，还偏偏听信他们的浮夸欺诈之言，去攻打齐国。攻占了齐国，好比得到一块石子地，一点儿用处也没有。希望大王把齐国的问题搁置一边，把越国的问题摆在眼前。要是不这么做，您将来必定后悔莫及！"

伍子胥都快说破嘴皮了，夫差还是听不进去，甚至为求眼不见为净，直接任命伍子胥出使齐国。

伍子胥的儿子与他同行。回吴国前，伍子胥对儿子说："我好几次劝谏大王，大王都把我的话当耳边风。眼见吴国就要灭亡，你不必跟着吴国一起牺牲。"然后就把儿子托付给齐国的鲍氏朋友，独自回到吴国。

太宰伯嚭素来跟伍子胥不睦。借此时机，他在吴王面前说了很多伍子胥的坏话："伍子胥这个人，个性刚烈凶狠，对人吝啬又很容易猜忌。他的怨恨之心，恐怕会酿成大祸。上次大王去讨伐齐国，他不赞成，结果大王打了胜仗。现在大王要再度攻打齐国，他又说不行。大王派他出使齐国，他居然把儿子留在齐国，托人照顾。他作为一名臣子，得不到君主的欢心，就向外倚靠其他诸侯的势力，这是不忠的行为。他自命是先王的谋臣，如今被冷落了，心里埋怨得很，希望大王早做打算，以绝后患！"

夫差一听这些话，非常不悦，说："就算你不讲，我也早就怀疑他了！"

于是，夫差派使者赐给伍子胥一把剑，下令道："你就用这把剑自我了断吧！"

伍子胥仰天长叹："啊！是伯嚭这个奸臣在作乱呀！大王居

然要杀我！我曾经不仅让你的父亲称霸，还在你尚未被立为太子的时候，以死向先王力劝，让你在与诸位公子的争夺中获得最终的胜利。你立为太子后，说要分吴国的部分土地给我，我哪敢奢望！如今你听信一个奸臣的谗言，居然要杀你的长辈，真是天理难容！"

接着，伍子胥交代他的门客："你一定要在我的坟上种植梓木，待这些树长大后把它们制成棺材；还要挖出我的眼睛，把它们悬在东门上，好让我看着越国的敌人入城来消灭吴国！"

说完，伍子胥就用那把剑自尽了。

伍子胥所说的话传到夫差的耳朵里，把他气得半死。

夫差不想让伍子胥好好下葬，就下令将他的尸体装在皮袋子里，丢到江上，让皮袋子随波逐流。

吴国人可怜伍子胥，在江边为他立祠，把祠堂所在的山命名为"胥山"。

伍子胥既死，吴王便发兵伐齐，却被齐国打败，不久就撤兵了。

## 勾践灭吴

夫差继位后的第十四年（公元前 482 年），吴王北会诸侯，想要称霸中原。越王勾践趁虚袭击吴国，杀死吴国太子。吴王正与诸侯会盟，为封锁战败的消息，竟然斩杀了七个不小心走漏了军情的人。

与诸侯会盟的结果可想而知，中原盟主的名号终究没有落在吴王的头上。夫差带兵回国，但由于军队在外逗留过久，将士都

霸王的崛起

077

很疲劳，无力征战，于是吴国花了一大笔钱财跟越国讲和。

夫差十八年（公元前 478 年），越国愈发强盛，勾践又带兵打赢了吴国，对吴国构成更大的威胁。

夫差二十三年（公元前 473 年），越国彻底打败吴国。越王勾践想把吴王夫差从吴国的国都迁到另外一个地方去，但只愿给他百户人家。

夫差感慨万分地说：“我已经老了，无法侍奉君主！我真后悔当初不听伍子胥的话，竟让自己沦落到这个地步。”说完他就自尽了。临死之前，夫差用布蒙着脸，说了一句：“我实在没脸见伍子胥啊！”

越国正式灭亡了吴国。越王埋葬了夫差，然后以不忠之罪杀了伯嚭。

## 三分钟读历史关键

在春秋时代，权贵之家的父子兄弟相残，都是为了一己的私欲，难得见到像季札这般坦荡荡的君子。太史公赞美他，说他富有“仁心”。

太史公同样也赞美伍子胥，说他能够隐忍以成就功名，是个“烈丈夫”。假设伍子胥当年也像哥哥伍尚那样跟着父亲伍奢一同死去，那就和蝼蚁没什么两样了。

别看太史公对季札和伍子胥这么赞美，事实上，这两个人都称得上是历史上的“悲剧人物”。季札辞让国君的位子，没想到因此惹出吴国王室的弑君逆行；伍子胥能力超凡，但起先是因费无忌的谗言而死了父亲和兄长，后来又因伯嚭的谗言而被赐死。命运之神以一种嘲讽的态度，铺就他们的人生。太史公在写这两个人的故事时，内心应该感同身受，因为太史公本人也受到了命运的捉弄。

太史公并没有屈服，他把季札和伍子胥的故事写出来，并赋予崇高的意义，这是一种对后人的警醒，也是一种对命运的反抗。因而，这也就显得尤为悲壮！

## 史记原典精选

伍胥惧，乃与胜俱奔吴。到昭关，昭关欲执❶之。伍胥遂与胜独身❷步走，几❸不得脱。追者在后。至江，江上有一渔父❹乘船，知伍胥之急，乃渡伍胥。伍胥既渡，解其剑曰："此剑直❺百金，以与❻父。"父曰："楚国之法，得伍胥者赐粟五万石❼，爵执珪❽，岂徒❾百金剑邪❿？"不受。伍胥未至吴而疾，止中道，乞食。至于吴，吴王僚方用事，公子光为将。伍胥乃因公子光以求见吴王。

久之，楚平王以其边邑钟离与吴边邑卑梁氏

霸王的崛起

俱蚕，两女子争桑相攻，乃大怒，至于两国举兵
相伐。

《史记·伍子胥列传》

---

伍子胥感到恐惧而和公子胜两人一起投奔吴国。到了
昭关，昭关士兵要捉拿他。伍子胥于是和公子胜各自分头
前进，几乎脱不了身。后有追兵。伍子胥逃到江边，江上
有个渔夫乘着船，知道伍子胥危急，便协助伍子胥渡江。
伍子胥过江后，解下佩剑说："这把剑价值百金，我把它
送给你。"渔夫说："楚国发出悬赏令，能捉到伍子胥就
赐予粟米五万石，封以执珪的爵位，哪里只值百金啊？"
渔夫不接受伍子胥的剑。伍子胥还没逃到吴国，就得了重病，
在中途停下来，讨饭为生。到达吴国时，吴王僚刚刚当权
执政，任公子光为将军。伍子胥就通过公子光的关系求见
吴王。

过了很久，楚国边邑钟离和吴国边邑卑梁氏都养蚕，
两地的女子为争采桑叶而起冲突，楚平王因此大发雷霆，
以至于两国起兵相互攻打。

【注释】❶执：捉拿。❷独身：独自一个人。❸几：几乎。❹渔
父：渔夫。❺直：通"值"。❻与：送给。❼石：古代计量单位，
一石约等于现在的三十千克。❽爵执珪：给与执珪的爵位。爵，在
此处当作动词。❾徒：只、仅。❿邪：句末语助词。

# 词语收藏夹

**一、日暮途远**：天色将暗而路途仍旧遥远。比喻心力用尽，还是一筹莫展。

> 例句　只怪日暮途远，一切努力都付诸流水。

**二、倒行逆施**：原意是不循常理而行事。后来比喻为害他人或社会的行为，尤其指掌权者对下属或人民的压迫。

> 例句　这个人倒行逆施，触犯众怒，最后身陷囹圄。

**三、腹心之疾**：隐秘或致命的祸患。

> 例句　校园暴力现象是我们教育的腹心之疾，必须正视。

# 审时度势的生存哲学

## 范蠡和越王勾践的故事

范蠡之所以能让越国以小搏大，让自己趋吉避凶，并累积万贯家财，靠的是审时度势的生存哲学。

## 委屈求生

越王勾践轻忽了大夫范蠡的一次劝谏，使得越国陷入几乎亡国的险境。从那个时候起，他就知道自己再也不能不听范蠡的话。

那是勾践在位的第三年（公元前494年），吴王夫差为了报复越王的杀父之仇，夜以继日地练兵——在先前的一次战役里，夫差的父亲阖闾被越军射中脚趾，不久因伤而死。勾践见到这种情形，知道夫差一定会攻打越国，心想：与其挨打，不如先发制人，干脆抢在吴国之前发动攻击。

范蠡力劝勾践不要这么做："我听说兵器是凶器，战争有违天德，只有事情发展到不得已的地步，才会动用武力。暗中计划发动战争，用凶器去做那些等而下之的事，这是上天所不容许的。要是这么做，一定不利！"

"我心意已决，这场仗非打不可！"勾践一心求战，哪里听得进范蠡的劝阻！然而当他率领军队进攻吴国，却吃了个大败仗，剩余的五千甲兵还被围困在会稽山。

勾践对范蠡说："都怪我没听你的话才落到这种地步。现在该怎么办？"

范蠡说："想要保全国家，就要效法上天，不要自满；想要扭转危机，就要学会谦卑；想要让事情有所成就，就要像开垦土地那样，不到时候不要勉强种植。现在请您恭恭敬敬地给吴王送大批的礼物去，他若不答应讲和，您就亲自到吴国去，把自己当抵押品，给吴王当奴仆。"

这是个难堪的局面，但为了扭转残局，勾践只能照着做。他派大夫文种当代表，以一种亡国奴的姿态向夫差跪地求饶。眼看夫差就要答应了，半路却杀出一个伍子胥来阻挠。勾践按捺不住，想把妻儿都杀掉，焚毁宝物，然后跟吴军决一死战，但被劝止了。

后来，文种带着美女和贵重物品去贿赂吴国的太宰伯嚭，请求伯嚭在吴王面前讲情，这才让夫差点头答应。

吴国退了兵，而越国则成了吴国的属国。

## 胆的滋味

越王勾践返回国都，从此在座位旁边放置一颗苦胆，不论坐卧或饮食之间都要去尝一尝。

勾践尝胆，就是让自己不要忘记什么叫作"苦"，让自己不要忘记在会稽山上所受的耻辱。

胆的苦味让勾践改变了一些行为。他放下国君的身段，亲自下田耕种，他的夫人则自己织布；他吃的饭，菜里放的肉不比别人多；他穿的衣服，样式不比别人好看；他礼遇贤士，厚待宾客，还救济贫穷，慰问丧家，跟百姓们一起劳作。

勾践想让范蠡治国理政，但范蠡说："在军事方面，文种不如范蠡；在内政方面，范蠡不如文种。"于是勾践就把国政交给文种，而派范蠡和另一名大夫去吴国斡旋，在吴国当人质。两年后，吴国才让范蠡返回。

计然是范蠡的老师，跟范蠡一起帮助勾践。

计然对经济方面非常有研究，教导勾践要了解并掌握物品的

用途和使用它们的时机。

计然认为，有丰收的时候，就会有歉收的时候。干旱时要多储备一些船，闹水灾时要多储备一些车，因为天旱之后，可能会出现大雨和水灾，水灾之后可能出现旱灾，都应早做准备。

粮价若定得太低，农民没有报酬，利益就会受损；粮价若定得太高，商人得多花成本，利益也会受损。粮食的价钱必须定在一个不能太低也不能太高的范围，农民和商人才会同时得利。

闹饥荒的时候，政府要以平价来供应粮食，让物价得到调节，税收和市场都不匮乏，这才是治国的道理。

计然还认为，储存货物的原则在于：物品要完好，不滞留。

进行交易时，容易腐坏的东西要尽快卖出去，不要囤积货物想求高价。要是能够分析货物的有余和不足，也就能知道物价的涨跌趋势。

物价上扬到极点时会跌下来，物价跌到极点时也会上扬。

在物价高的时候，要把货物当粪土似的赶快脱手；在物价低的时候，要把货物当珠宝似的收购进来。

货物和钱币，都要让它们像水那样流动，不要让它们静止不动。

勾践接受了计然的这套说法，用来发展越国的经济，而范蠡作为计然的学生，更是将老师的理念推广到了极致。

越国励精图治，蓄积实力，臣服于吴国，同时与齐、晋、楚等大国发展友好的关系，十年后国富民强。在这段时间，吴王夫差连年对外征战，一心想跟齐、晋等大国一较长短，国力日益下降。

## 成为一方霸主

在对齐国用兵这件事情上，夫差和伍子胥两人发生了很大的分歧。伍子胥一直劝告夫差要重视越国问题，说："越国才是我们的心头大患，相对来说，齐国只是吴国身上的一块癣。"但夫差不听，总想着逐鹿中原，争当盟主。后来，在第二次出兵攻打齐国之前，夫差听信伯嚭的谗言，赐死伍子胥，这等于是为越国拔掉了背上的一根芒刺。

又过了几年，勾践问范蠡："伍子胥已死，而吴国境内多的是阿谀谄媚的人，这场仗可以打了吗？"

范蠡说："不行。"

又过了一年，吴王率兵北上大会诸侯，由太子和一些老弱的部属留守国都。勾践又问范蠡："这场仗可以打了吗？"

范蠡说："可以了。"

于是勾践迅速发动攻击，杀了吴太子。当时，吴王夫差正在与诸侯会盟，极力争取盟主的地位，因此全面封锁战败的消息。

会盟之后，夫差花钱向越国求和。越国眼看一时灭不了吴，就答应了。

四年后，也就是越王勾践十九年（公元前478年），越国再度攻打吴国。吴国由于连年对外征战，精锐都死在前线，兵力疲弱，被越军围困三年都无法突围。

勾践二十四年（公元前473年），越军把吴王围困在姑苏山。

夫差派使者前来跪地求饶，表示愿做越国的属国，并提醒勾践：夫差也曾经饶恕过他。勾践不忍心，准备答应吴国使者的请

求。但范蠡极力劝阻，对勾践说："越军当年被吴军围困在会稽山，是老天赐给吴国的好机会，但吴国没有把握。现在老天赐给越国这么好的机会，难道越国也要违逆上天的意思吗？国君您这二十二年来的辛苦，究竟是为了什么？"

范蠡的这番话让勾践踌躇了。最后，勾践决定把夫差从吴国国都流放到一个小地方去。夫差觉得很难堪，因此自杀了。死前，夫差用布蒙住脸，说："我实在没有脸见伍子胥啊！"

灭吴之后，勾践也继续向北方发展。他与齐、晋诸侯会盟，并尊奉周王室，当时的天子周元王把祭祀的肉赏赐给勾践，封他为霸主。

勾践分别送了土地给楚国和鲁国，又把吴国从宋国那里夺取的领土归还给宋国。

在当时，越国的军队在长江、淮河以东畅行无阻。诸侯纷纷前来祝贺，都尊勾践为霸主。

## 急流勇退

勾践成为一方霸主后，封范蠡为上将军。

范蠡的荣耀到达顶峰，他却写了一封信向勾践请辞："我听说君主若有忧患，当臣子的就要不辞辛劳；君主若受到屈辱，臣子就得舍命。君王先前在会稽山受辱，我之所以不死，正是为了求取今天的成果。如今既然已经一雪前耻，我应当为当时在会稽山没做好的事领受惩罚。"

勾践对范蠡说："我要将这个国家分一半给你。你若不接受，我才真的会惩罚你！"

范蠡向勾践表示他的心意已决，于是收拾轻便的珠宝玉器，跟他的一些亲信随从乘船出海，从此再也没有回来。

为了表彰范蠡，勾践下令把会稽山封为范蠡的邑地。

范蠡说要领受惩罚，那是表面上的说法。范蠡之所以离去，其实有两个真正的原因：一、他认为自己名位太高，必定难以久安；二、经过二十多年相处，他发现勾践是个"可以共苦但无法同甘"的君主。

文种是范蠡的好友，也算是知遇恩人。范蠡出海后到了齐国，派人送了一封信给文种，对他说："飞鸟没了，良弓也就跟着收藏起来；狡兔一死，猎狗也会遭到烹煮的命运。越王这个人长的是长脖子、鸟嘴巴，按照面相来说，他是个可以共患难却无法同享乐的人。你为何不离开呢？"

文种看了这封信，借故生病，不去上朝。

有人向勾践进谗言，说文种想作乱。勾践于是赐了一把剑给文种，说："你教导我说讨伐吴国可以用七种谋略，我只用了其中三种就打败了吴国。剩下的四种还留在你那边，请你为我到先王那里去试试看。"

文种听了这话，就举剑自尽了。

## 鸱夷子皮与陶朱公

范蠡到了齐国，改名换姓，自称是"鸱夷子皮"，一家人在海边辛苦地耕种，努力创置产业。

　　鸱夷是皮革做成的袋子。伍子胥自杀后，吴王夫差便是用鸱夷装伍子胥的遗体，把他丢到江里去的。伍子胥对吴国功劳甚大，却落到这样的下场。范蠡把自己叫作鸱夷子皮，是不是想拿伍子胥的事来提醒自己呢？

　　范蠡受过计然的教导，从多年的从政经验里看到计然的经济策略能够治国，便也运用这套理论来治理家业。没多久，范蠡便积累了数千万家财。

　　齐国国君听说鸱夷子皮的贤名，便邀请他为国相。

　　范蠡说："居家能挣千金，做官能当卿相，对一个平民来说，已经是达到顶峰了。但享受荣耀太久，并不是一件好事情。"于是，三年后他归还了相印，把钱财分给好友和乡亲，带着重要的物品悄悄离开，来到了陶。

　　范蠡认为陶这个地方位于天下的中心，是贸易和交通的枢纽，在这里做生意可以致富。于是他又改了名字，叫"陶朱公"，和儿子们重新在这里耕种畜牧，囤积货物，等待时机售出，追求十分之一的利润。过不了多久，他又成了巨富，累积了数以亿计的财富。

　　陶朱公的声名由此传遍天下。

## 谁去楚国救次子？

　　范蠡住在陶邑的时候，生了一个小儿子。小儿子长大后，他的二哥因杀人罪被关在楚国。

　　陶朱公说："杀人抵命，这是天经地义的事，但我听说家里拥有千金的孩子是不必为此丧命的。"因此派小儿子去探视二儿子。他把一千镒（一镒约二十四两）的黄金装在黑色器具里，用牛车载着，要小儿子带去楚国。小儿子准备上路时，大儿子请求前往，但陶朱公不答应。

大儿子说："我是家里的长子，二弟现在犯了罪，不派我去，却派最小的弟弟去，莫非是认为我不够资格？"便闹着要自杀。

孩子的母亲忧虑地说："今天派小儿子去，未必能让老二活着回来。事情还没进行，就先死了一个老大，你说该怎么办？"陶朱公没办法，只好派长子去。

他写了一封信，让大儿子带去楚国见他过去所认识的庄先生，并说："你到了那里，把黄金送给庄先生。他说什么，你就做什么，千万不要争辩。"

大儿子出发了，自己随身多带了数百镒黄金。

到了楚国，大儿子一如父亲所交代的前去拜访庄先生，把黄金送给他。

庄先生对老大说："你快走吧！千万不要留在楚国。就算你弟弟出来了，你也不要问为什么。"

老大告辞后，没有听从庄先生的话，私自留在楚国，还把自己身上所带的黄金送给楚国的权贵，以作为拯救二弟的活动费。

庄先生家境贫穷，屋子坐落在草丛中，得拨开野草才到得了他的家门。然而由于他为人廉洁正直，因此楚国自楚王以下都很敬爱他，都尊他为师。

庄先生并不贪图陶朱公所送的黄金，只是想在事成之后归还给他，以作为凭证。因此在黄金送来后，庄先生就对他的妻子说：

"这是陶朱公的黄金。要是我有个三长两短，来不及归还，你以后一定要送还给他，千万不能动用。"

庄先生去见楚王，对楚王说："某颗星现在已经移到某个位置去，这对楚国不好。"

楚王平时就很信任庄先生，焦急地问："那该怎么办？"

庄先生说："只有实行德政，才能免除灾祸。"

楚王说："先生不用说了，我知道该怎么做了。"接着派人把储藏各种钱币的钱库封了起来。

楚国的那位权贵告诉陶朱公的长子："大王要大赦了。"

"怎么说？"

"大王每次要进行大赦，怕人乘机在大赦前打劫，都会把钱库封起来。而昨晚，大王已经派人去封钱库了。"

老大一听这消息，认为楚王既然要大赦，那么弟弟一定也会跟着被释放，把那么多黄金送给庄先生，实在没什么必要，于是老大又来求见庄先生。

庄先生见到陶朱公的长子，惊讶地问："你怎么还没走？"

"我本来就没走。"老大回答说："当初是为了弟弟的事情来，如今听说弟弟马上就会被放出来，我特地来向先生辞行。"

庄先生知道老大来是想拿回那些黄金，便说："黄金都在屋子里，你自己进去拿吧！"

老大要回黄金，高兴地走了。

庄先生眼看自己被一个后生晚辈戏弄，非常不高兴，于是又去见楚王，对楚王说："前一回跟大王所说的星宿之事，大王说

要实施德政来回报上天。我今天在外头，却听到路人说是陶邑富人朱公的儿子犯了杀人罪被关在楚国，他家里拿出大笔钱财去贿赂大王的部下，大王因此才进行大赦，而不是为了体恤楚国的人民。"

楚王一听这话，非常生气地说："我就算德行再差，也不会只为陶朱公的一个儿子而进行大赦。"因此当场下令杀了陶朱公的儿子，隔天才下达大赦令。

陶朱公的长子载回家的，竟然是弟弟的遗体。

回到家后，母亲和乡里的人都为这件事感到悲痛，只有陶朱公苦笑着说："我早就知道老大这一去必定会断送他弟弟的性命。老大并非不爱他的弟弟，而是舍不得花钱。他从小就跟着我一起吃苦耐劳，了解谋生的困难，所以把钱财看得很重。最小的儿子从出生后，只见到我的富贵，驾着好车好马，打猎游玩，哪晓得钱财是怎么来的，所以出手很阔，从来都不知道吝惜。先前我要派小儿子去，就是因为他把钱财看得很轻，老大做不到这点，才会让老二送了命。这是事情的常理，实在不用过度悲伤。我日夜等候的，原本就是老二的坏消息！"

## 三分钟读历史关键

范蠡的一生就像一出三部曲：第一出是协助越王勾践打败吴国；第二出是设法避免勾践可能对他的危害；第三出是经商致富。不论哪一出，范蠡都表演得很出色，成功地诠释了一个人的"生存之道"。

范蠡之所以能让越国以小搏大、让自己趋吉避凶，并累积万贯家财，靠的是审时度势的生存哲学。

时，是时机；势，是形势。审时度势的意思就是看清现实趋势，并做出适当的反应。这说起来简单，其实很难做到，因为我们一般人有太多的牵绊，如名位、利益、理念、感情等等，这些都会让我们窒碍难行，不太能够像范蠡那样说放就放，而且在放弃之后又能另起炉灶。

范蠡是个"成功人士"，而他的成功蕴含着比一般成功更多的人生智慧，也难怪太史公会这么欣赏他！

顺带一提，在某些古籍版本中，范蠡曾护送美女西施给夫差，而在吴国灭亡后又和西施一起归隐。这样的爱情故事凄美动人，但《史记》并未采用。

## 史记原典精选

范蠡既雪会稽之耻，乃喟然而叹曰："计然之策七，越用其五而得意。既已施于国，吾欲用之家。"乃乘扁舟浮于江湖，变名易姓，适齐为鸱夷子皮，之陶为朱公。朱公以为陶天下之中，诸侯四通，货物所交易也。乃❶治产❷积居❸，与时逐❹而不责于人❺。故善治生者，能择人而任时❻。十九年之中三致❼千金，再分散与贫交疏昆弟❽。此所谓"富好行其德"者也。后年衰老而听子孙，子孙修业❾而息❿之，遂至巨万。故言富者皆称陶朱公。

《史记·货殖列传》

范蠡既然已协助越王一雪会稽被困之耻，便长叹道："计然的策略有七条，越国只用了其中五条，就实现了雪耻的愿望。既然这些策略施用于治国很有效，我想将它用于治家。"于是，他便乘坐小船四处漂泊，改名换姓，到齐国改名叫鸱夷子皮，到了陶邑改名叫朱公。朱公认为陶这个地方位居天下的中心，四方可通诸侯，是货物交易的枢纽。于是他经营财产，囤积货物，把握商机，讲信用而不坑害人。所以善于治理产业的人，善于选用人才去运用有利的态势。十九年里有三次把家产累积到千金，然后把钱财分给贫穷的朋友和远房的兄弟。这就是人们常说的"富有而爱好施行仁德"的人。后来，陶朱公年纪大了，便把家业交给子孙，子孙治理产业，让它繁衍不止，累积成亿。因此谈到富翁，大家都会提起陶朱公。

【注释】❶乃：于是。❷治产：经营资产。❸积居：囤积货物。❹与时逐：把握时机。❺不责于人：不坑害人。责，求。❻任时：

运用时机。❼致：获得。❽贫交疏昆弟：贫穷的朋友和远房的兄弟。疏，远之意。昆弟，即兄弟。❾修业：整治家业。❿息：繁衍、滋长。

# 词语收藏夹

**一、卧薪尝胆：**关于勾践雪耻之事，《史记》只提到"尝胆"；"卧薪"是后人所加。"卧薪尝胆"用来比喻刻苦自励。

**例句** 经过一年的卧薪尝胆，我们学校的体操队在今年的比赛中打败了宿敌，获得了冠军。

**二、生聚教训：**越王勾践经过二十年的努力，蓄积了强大的国力。后人用来比喻为求得胜利和成功而进行长期准备。生，繁殖人口；聚，累积财富；教，教导忠义；训，训练作战。

**例句** 经过多年的生聚教训，如今我们国家各个产业都有不俗的表现。

**三、鸟尽弓藏、兔死狗烹：**典出"蜚鸟尽，良弓藏；狡兔死，走狗烹"。比喻事情一旦成功，有些人就没有利用价值了。

**例句** 他的手下曾为他的事业付出很多努力。如今他成功了，他的手下竟遭到了鸟尽弓藏、兔死狗烹的命运。

霸主的崛起

# 弑君的罪名

## 赵盾和崔杼的故事

对《春秋》所奉行的儒家伦理来说，国君再怎样有过错，做臣子的都不能杀害他。一旦臣子杀了国君，就算躲过具体的刑罚，也还有历史的谴责，而后者的威力远大于前者。

## 赵盾的危机

晋灵公十四年（公元前 607 年），钽麑奉晋灵公的命令，要刺杀大臣赵盾。

钽麑偷偷地潜入赵府，只见赵盾寝室的门开着，似乎一早就为上朝做准备，而赵盾家里又甚为简陋，不禁动摇了刺杀的念头。

钽麑退出赵府，叹着气说："不论杀死忠臣或违背君命，一样都有罪。"说完便头撞树而死。

晋灵公想杀赵盾，是因为赵盾经常向他劝谏。为了图耳根清净，晋灵公决定对其下毒手。

晋灵公是个无道的国君，他奢侈无度，征收重税只是为了雕饰他的宫墙。他喜欢在楼台上用弹弓射人，看着人们惊慌地躲避弹丸，心里就觉得快乐。厨房里的厨子没有把熊掌炖烂，他便杀了那名厨子，再叫人把厨子的尸体扔出宫外，途中还故意经过开会的朝堂。

赵盾和随会屡次劝谏灵公，灵公都不理会，甚至心生厌恶，便私下派钽麑去刺杀赵盾。然而钽麑不忍心杀害忠臣，却杀了自己。

对晋国来说，那个年代朝政混乱，而赵盾也犯了很多错误。十四年前，赵盾要是做出正确的决定，迎立公子雍为国君，如今就不用遭受晋灵公的加害了。

## 择君的决定

晋襄公在位的第七年（公元前621年），因病而亡。朝中大臣认为晋国连年多灾多难，都是因为国无长君，因此想放弃年幼的太子夷皋（后来的晋灵公），改立其他较年长的公子为君。

赵盾的父亲是赵衰，曾辅佐晋文公成就一代霸业。赵衰死后，赵盾取代父亲成为国之重臣，自然得在如此重要的事情上表达意见。

赵盾说："那就立襄公的弟弟雍来当国君吧！雍是个喜好行善的人，而且年纪最长，颇得先君的疼爱。再说他与秦国亲近，而秦国又是晋国的旧好。拥立喜好行善的国君，国家就会稳固；敬奉年长的公子，国家就会和顺；拥戴先君所喜爱的人选，就是尽孝；选择能够结交旧好的国君，国家就会安定。"

贾季是狐偃的儿子，在朝中担任中军将，他这时表示："还不如立雍的弟弟乐。乐的母亲辰嬴曾受两位国君的宠爱，立乐为君，百姓一定安心。"

贾季所提的辰嬴就是晋怀公当年在秦国所娶的妻子，而后被秦穆公赐给晋文公，成了文公的姬妾。

赵盾说："辰嬴的地位卑贱，排序还在九个人之下，她的儿子哪有威望可言？再说她曾被两个国君所宠幸，这是荒淫的事。作为先君的儿子，乐无法求得大国的保护，远居在小国。母亲荒淫，儿子鄙陋，毫无威望；乐所居住的陈国既小又远，一旦有事，根本援救不及。乐怎么当国君？"

当时，雍正在秦国，赵盾便派人到秦国去接雍。同时，贾季

也派人到陈国去请乐回来。

后来，赵盾以贾季先前杀了太子的老师阳处父为由，废黜了贾季。晋襄公下葬后，贾季便投奔到狄国去了。

这一年，秦穆公也过世了。继任的秦康公说："以前，晋文公从秦国回到晋国时，由于没有护卫，所以朝中才会发生内乱。"有鉴于此，康公多派了一些护卫给公子雍。

## 哭来的君位

太子夷皋的母亲缪嬴得知消息，抱着太子在朝中号泣，日也哭，夜也哭，悲伤地说："先君何罪？他的子嗣又何罪？舍弃正统不立嫡长子为国君，却向外寻找，这将置太子于何地啊？"

出了朝，缪嬴又抱着太子到赵盾家，向赵盾叩头说："先君曾捧着这孩子嘱托您：'这孩子如果能够成材，我感谢你的教导；这孩子如果不能成材，我怨恨你没教导。'如今先君才走不久，言犹在耳，大家就要把太子废了，这是为什么？"

赵盾和朝中大夫都惧怕缪嬴的逼问，也怕惹上杀身之祸，只好背弃雍而改立夷皋为君。这就是晋灵公。

晋国以赵盾为将军，派兵前去阻挡秦国送回的公子雍，打败了秦军。晋国大臣先蔑和随会因此逃亡到秦国去了。

同年秋天，基于灵公才刚登基，赵盾和齐、宋、卫、郑、曹、许等国的国君会盟，以取得外交关系的稳定。

往后几年，秦、晋两国互有征伐，而以赵盾的堂弟赵穿战功最大。

晋国担心随会留在秦国，会给晋国添乱，便派人诈降，设计把随会从秦国带回晋国。随会后来在朝中，经常与赵盾一起劝谏晋灵公。

## 杀与被杀

灵公派钽麑刺杀赵盾不成，便计划实施第二次谋杀。这次晋灵公是要请赵盾喝酒，然后派埋伏的兵士刺杀他。

在此之前，赵盾有一回到山里打猎，看见桑树下有个饿汉，便赏了一些食物给他，不料那饿汉只吃了一半。赵盾问他原因，饿汉回答："我在外头学当小吏已经三年，不知母亲是否还健在。我希望能带点食物回去给她吃。"赵盾嘉许他的孝心，多给了他一些饭和肉。

这名饿汉叫示眯明，后来当上晋灵公的厨师，而赵盾并不知道这件事。

示眯明得知灵公宴请赵盾的计划后，怕赵盾一醉不起，便在酒席上向赵盾进言："国君宴请大臣，酒过三巡就可以结束了。"示眯明是想让赵盾抢在灵公下令前离开，以免遇害。

赵盾离开后，刺杀他的兵士还没会集。"敖，去咬！"灵公一急，放出一只名叫敖的猛犬去追咬赵盾。

示眯明凭着一双手，为赵盾挡杀了这只猛犬。

赵盾说："不用人，却用狗，再凶猛又能怎样？"但他始终不知道示眯明是在暗暗报答他的恩惠。

埋伏的兵士会集完毕，灵公派他们出宫去追赶赵盾。示眯明

霸王的崛起

反过来抗击这些兵士，让他们不得前进，帮赵盾脱困。

赵盾疑惑地问："壮士为什么救我？"

亓眯明回答："我是当年在桑树下的那名饿汉。"

赵盾问起姓名，亓眯明不愿说明便离开了。

赵盾为避祸而出奔，但并没有离开晋国的国境。

不久，赵盾的堂弟赵穿将军在桃园杀了灵公，把赵盾接回朝中。赵盾一向受人敬重，很得老百姓的支持。灵公年少奢侈，早已失去民心，因此并未引起太大的风波。

## 赵盾弑其君

赵盾回朝之后，恢复正卿的地位。

晋国太史董狐在国史上记载："赵盾杀害国君。"并且把这段记载在朝中公开传阅。

赵盾不满地说："杀害国君的是赵穿，我没有罪。"

董狐说："你是正卿，出奔却不离开国境，返朝之后又不诛灭作乱的人。杀国君的不是你，是谁？"

后人解释董狐的说法，指出赵盾一旦离开晋国国境，那就表示和晋灵公断绝了君臣关系，是谁杀了国君都与他无关。

七八十年后，孔子知道了这件事情，他认为："董狐是古代的好史官，记载史事不隐瞒罪过。赵盾是个好大夫，为了法纪而背负罪名。可惜啊！要是他当年出了国境，那就不用背负这条弑君的罪名了。"

## 崔杼弑其君

孔子出生后的那个年代，齐国也发生了一件弑君事件。

齐庄公好美色，喜欢上大夫崔杼的美貌妻子，经常跑到崔杼家和她幽会，有一次还顺手捎了崔杼的帽冠，把它拿去送人。这种行为，连他的侍者都认为不妥。

崔杼为此非常愤怒，想跟晋国合作袭击齐国，却苦无机会。

当时有个宦官名叫贾举，因受过齐庄公的鞭打，怀恨在心，因此帮崔杼盯着齐庄公，也想找机会报复。

齐庄公六年（公元前548年），莒子来觐见庄公。齐庄公设宴款待他，崔杼假装生病，没有出席。

隔天，齐庄公前往崔府探视崔杼的病情，想借机找崔杼的妻子。崔杼的妻子走进房里后，崔杼便把房门紧闭。齐庄公抱着庭院的柱子唱起歌来，想用歌声勾引崔杼的妻子。

这时，宦官贾举将大门反锁，把齐庄公的随从挡在大门外头。不久，崔杼的手下拿着武器，一拥而上。齐庄公吓得跳上庭院的台子，请求众人不要围着他。但崔杼的手下没有答应。

齐庄公想跟大家订个和约，崔杼的手下也同样没答应。

齐庄公最后求众人让他在祖庙自杀，崔杼的手下还是没答应。崔杼的手下说："国君的大臣崔杼生了重病，不能亲自前来听您的命令。我们只听说要捉拿好色的淫乱之徒，不知道有其他的命令。"

齐庄公想翻墙逃走，却被射中大腿，跌了下来，终于被众人所杀。

齐庄公的大臣晏婴在门外听到庄公已死的消息，说："国君要是为了国家而死，那么他的臣子也会跟着去死；国君要是为了私事而断送性命，除了他的那些亲信，谁会为他而死呢？"

等大门打开后，晏婴进入门内，伏在齐庄公遗体上痛哭，再依照礼仪跳了三下表示哀痛，然后离去。

有人告诉崔杼："一定得杀掉晏婴。"

崔杼说："晏婴受人民爱戴，放了他可以博取民心。"

没几天，崔杼拥立齐庄公的异母弟杵臼当国君，是为齐景公。齐景公即位之后，命崔杼担任右相，命庆封担任左相。

崔杼和庆封担心人民作乱，就立约："不听从崔、庆两个人的都得死！"

晏婴仰天说："我谁都不听，只听从忠于国君和利于国家的人。"

庆封想杀晏婴，但崔杼说："晏婴是个忠臣，放了他吧！"

齐国太史在史书上写道："崔杼杀害国君。"崔杼就把太史杀了。

太史的弟弟继任为太史，也写了"崔杼杀害国君"。崔杼又把这名新太史杀了。

轮到太史最小的弟弟继任，仍然在史书上写道："崔杼杀害国君。"崔杼眼看这种情形，只好就此罢手了。

# 三分钟读历史关键

《史记·太史公自序》记载："《春秋》之中，弑君三十六。"在春秋时期，杀害国君似乎已成为一种"风尚"。"赵盾弑其君"和"崔杼弑其君"便是其中两个著名的例子。

观察这两个案例，我们会发现赵盾和崔杼所弑的国君都有明显的过失，一个滥杀无辜，一个荒淫无道。他们之所以被杀，可说是自食其果。然而对《春秋》所奉行的儒家伦理来说，一个国君再怎样有过错，做臣子的都不能杀害他。一旦臣子杀了国君，就算躲过具体的刑罚，也还有历史的谴责，而后者的威力远大于前者。

史官的笔是一种比剑还厉害的武器，但手执这支笔需要的是良心和勇气，这也就是文天祥的《正气歌》为什么要歌颂："在齐太史简，在晋董狐笔。"毕竟在面对连国君都敢杀的权贵时，写下他的罪行，很可能也会有丧命的风险，因此必须要有一定的勇气。

说来颇值得玩味，在这两个案例中，晋国的董狐和齐国的太史都不是主角，但他们的角色凸显了重要的人生意义。

# 史记原典精选

初，盾常田首山❶，见桑下有饿人。饿人，示眯明也。盾与之食，食其半。问其故，曰："宦❷

三年，未知母之存不，原遗母。"盾义之，益与之饭肉。已而为晋宰夫，赵盾弗复知也。九月，晋灵公饮赵盾酒，伏甲将攻盾。公宰示眯明知之，恐盾醉不能起，而进曰："君赐臣，觞三行可以罢。"欲以去赵盾，令先，毋及难。盾既去，灵公伏士未会，先纵啮狗名敖。明为盾搏杀狗。盾曰："弃人用狗，虽猛何为。"然不知明之为阴德也。已而灵公纵伏士出逐赵盾，示眯明反击灵公之伏士，伏士不能进，而竟脱盾。盾问其故，曰："我桑下饿人。"问其名，弗告。明亦因亡去。

盾遂奔❸，未出晋境。乙丑❹，盾昆弟❺将军赵穿袭杀灵公于桃园而迎赵盾。赵盾素❻贵，得民和；灵公少，侈，民不附，故为弑易。盾复位。晋太史董狐书曰："赵盾弑其君"，以视❼于朝。盾曰："弑者赵穿，我无罪。"太史曰："子为正卿，而亡不出境，反❽不诛国乱❾，非子而谁？"孔子闻之，曰："董狐，古之良史也，书法❿不隐。宣子⓫，良大夫也，为法受恶。惜也，出疆⓬乃免。"

《史记·晋世家》

　　当初，赵盾常在首山打猎，曾看到桑树下有个饿极了的人。这个人叫示眯明。赵盾给了他一些食物，他只吃了一半。赵盾问他为什么不吃完，示眯明回答："我已经为人臣隶三年了，不知母亲是否还在人间，愿把剩下的一半留给母亲。"赵盾认为他很有孝心，又给他一些饭、肉。不久，示眯明做了晋君的厨师。但赵盾不知道示眯明做晋君厨师一事。九月，晋灵公宴请赵盾，埋伏好士兵准备杀死他，示眯明知道后，恐怕赵盾酒醉起不来身，于是上前劝说赵盾："君王赏赐您酒，只喝三杯就可以了。"想让赵盾赶在前面离开免于遭难。赵盾已经离去了，灵公埋伏的士兵还未集合好，他就先放出一条叫敖的恶狗。示眯明替赵盾徒手杀死了狗。赵盾说："抛弃人，使用狗，虽然凶猛有什么用呢！"可是，赵盾并不知道示眯明是在暗中保护他呢。一会儿，灵公指挥埋伏的士兵追赶赵盾，示眯明反击灵公的士兵，士兵不能前进，赵盾终于逃脱。赵盾问示眯明为什么救自己，示眯明说："我就是桑树下那个饿汉。"赵盾询问他的姓名，他没有告诉。示眯明因此隐遁而去。

　　赵盾于是出奔，但没有离开晋国国境。乙丑日，赵盾同氏族的弟弟赵穿将军在桃园暗杀了灵公，迎接赵盾回来。赵盾一向被人敬重，获得百姓的认同；灵公年少，生活奢侈，人民不归附他，因此谋杀他很容易。赵盾恢复官位。晋国太史董狐写道："赵盾杀害他的国君。"并且把这项记载在朝中传看。赵盾说："杀害国君的是赵穿，我没有罪。"
太史说："你是止卿，逃亡却不离开国境，回来后又不诛
杀扰乱国家的人，不是你杀国君，是谁杀的？"孔子听闻
这件事，说："董狐，是古代的好史官，写史的笔法不隐
瞒过错。赵盾，是好的大夫，为了法纪而承受罪名。可惜啊！
要是他出了国境就不用担负此罪名了。"

【注释】❶常：通"尝"，曾经。田：通"畋"，打猎。❷宦：
游宦，流浪在外找饭吃。❸奔：出奔。❹乙丑："乙"和"丑"
分别是天干和地支序列中的第二个字。古代运用天干和地支的
相配来纪年和纪日。❺昆弟：同一宗族的弟弟。❻素：平素、平
时。❼视：传看。❽反：同"返"。❾国乱：扰乱国家的人。
❿书法：写史的笔法。⓫宣子：即赵盾。⓬疆：边界。

## 词语收藏夹

**一、忠言逆耳**：诚恳正直的规劝往往刺耳，不容易让
人接受。

例句　忠言逆耳，只有多听别人的意见，才能少走
弯路。

**二、秉笔直书**：拿着笔，毫不隐瞒地写下来。

例句　当一个史家，得具备秉笔直书的精神和勇气。

# 一个婴儿的重量

## 赵氏孤儿的故事

程婴抱着孤儿隐匿到山里去。当他在山中行走时，感觉路途是如此的遥远和颠簸，而怀里的孤儿是如此的沉重。

## 不祥的梦

晋国大夫赵盾做了一个梦。

他梦见晋国赵氏的第一代先祖叔带，抱着他的腰在哭，表情甚是悲伤。但不到一会儿的工夫，叔带又笑了，拍着手，唱着歌。

这个梦到底是什么意思？赵盾相当困惑，便用龟壳进行占卜。

卜龟上的兆纹出现断痕，然后接续上不错的纹路。

求问史援。史援认为："这是一个很凶恶的梦，事情若不出在您身上，就出在您儿子身上，一切都因您所犯的过错。到了您孙子那一代，赵氏家族恐怕会更衰落了。"

赵盾在晋成公六年（公元前601年）过世。晋成公就是晋灵公被杀后，赵盾派赵穿去迎立的晋公子黑臀。

晋成公在位七年后也过世了，继任的是晋景公。

景公三年（公元前597年），承袭爵位的赵盾之子赵朔，娶了晋成公的姐姐当夫人。喜事过后，接连而来是天大的灾祸。

## 赵氏灭族

当时，晋国有个大臣叫屠岸贾，先前受晋灵公的宠爱，到了景公时当上了掌管刑罚的司寇。

屠岸贾想杀赵氏，便以缉拿谋弑晋灵公的罪犯当借口，追查到赵盾头上，然后向众将官宣布："赵盾虽然不知道这件事，可他是这群逆贼的首领。当臣子的杀了国君，而他的子孙还在朝当官，这让国家怎么惩治罪行呢？请大家跟我一起去诛灭赵氏家族。"

担任晋军司马的韩厥说："灵公被加害时，赵盾正在外头，不在朝中。先君成公认为他没有罪，所以才没杀他。现在各位要杀他的后代，这不是先君的意思，而是任意的诛杀。任意诛杀就是作乱。做臣子筹谋大事而国君不知道，这就是没把君王放在眼里。"

韩厥说得振振有词，但屠岸贾完全不理会。

韩厥赶紧前去警告赵朔，要他逃走。

赵朔不肯逃，对韩厥说："您一定不会让赵氏断了后嗣。我死而无憾。"

韩厥答应了赵朔延续赵家香火的请求，从此称病，足不出户。

过没多久，屠岸贾未经请命就擅自和众将官攻打赵氏，在下宫这个地方杀了赵朔、赵同、赵括和赵婴齐，把赵氏家族全都灭了。


## 搜孤，救孤

赵朔的妻子是成公的姐姐，因怀有身孕，走避到宫里去。

赵朔有个门客，名叫公孙杵臼。杵臼难过地对赵朔的友人程婴说："你怎么还没死啊？"

程婴回答："赵朔的夫人怀有身孕，如果生下来侥幸是个男孩，那么我就抚养他；如果生下来是个女孩，那就慢慢等吧，总有我死的一天。"

不久，赵朔夫人把孩子生了下来，是个男孩。

屠岸贾听到赵朔夫人生产的消息，带人到宫里搜寻。

夫人把孩子藏在裤子里，祈祷说："赵氏家族要是真该灭绝，你就哭吧！要是不该灭绝，你就别出声。"

说也奇怪，当屠岸贾的手下在搜寻时，这孩子竟不发一丝声响。赵氏孤儿逃过了一劫。

程婴对公孙杵臼说："这次搜不到，必定还有下一次，该怎么办？"

公孙杵臼问程婴："抚养孤儿和死哪个难？"

程婴说："死容易，抚养孤儿难。"

公孙杵臼说："赵氏先君待你不薄，你就勉强为他做难一点的事吧！死容易，让我来做。"

于是两人商议，抱了别人的孩子，用华美的被子裹着，藏匿在山中。

程婴下山后，前去见众将官，欺骗他们说："我是个无德之人，实在无法抚养赵氏孤儿。谁要是给我千金，我就说出孤儿的去向。"

众将官心喜，答应了程婴，接着就发兵随程婴到山里去搜捕公孙杵臼。

公孙杵臼故意辱骂程婴说："程婴，你这个小人！先前的下宫之难，你不能以身相殉，后来跟我合谋，说要藏匿孤儿，如今却出卖我！这孩子是无辜的，你纵然不能抚养他，又怎么忍心出卖他？"接着，公孙杵臼抱着孩子大声呼喊："老天爷啊！老天爷啊！赵氏孤儿到底犯了什么罪？请让他活下去啊！要杀就只杀杵臼吧！"

众将官怎么会轻易放过呢？刀一横，就把公孙杵臼和孩子统统杀了。众将官以为赵氏孤儿确实已死，都欢喜得很，哪里知道真正的赵氏孤儿其实还活着。

不久，程婴悄悄地从赵朔夫人那里抱走了孤儿，隐匿到山里去。当他在山中行走时，感觉路途是如此的遥远、颠簸，而怀里的孤儿是如此的沉重——这是一个从一出生就背负了一大笔血债的孩子！

## 一偿血债

十五年后（公元前582年），晋景公生病，占卜的结果说是"大业"的后代没有得到祭祀，因此在作祟。

景公问韩厥这件事，韩厥知道赵氏孤儿还活着，便说："大业在晋国断绝祭祀的，不就是赵氏吗？"

所谓的"大业"，相传是秦人的祖先，而晋国的赵氏与秦人同出一源，是到了造父才姓赵。造父的七世子孙叔带因周幽王无道，离开了周王朝，前去晋国辅佐晋文侯，也因此成为赵氏在晋国的第　代先祖。

韩厥对景公分析其中的关系，说："大业的后代，从中衍以下都姓嬴。中衍这个人长得人面鸟嘴，辅佐殷商国君大戊，而他的子孙辅佐周天子，都有贤良的品德。后来到了幽王和厉王，因两王无道，叔带就离开周朝，来到晋国侍奉先君文侯，而他的后代辅佐晋君一直到成公。晋国赵氏世世代代都为国家立功，未尝断绝祭祀，如今只有国君您独独灭了赵氏，国人都同情他们，而占卜的龟甲和蓍草也都显示了征兆。希望主君能好好地想想这件事。"

景公问："赵家还有后代吗？"

于是韩厥把赵氏孤儿的事情原原本本地向景公禀报，景公便和韩厥商量要立赵氏孤儿的事情。

赵氏孤儿单名叫武。不久，景公把赵武召进宫里，把他藏匿起来。

听说景公生病，众将官都到宫里来问安。景公靠着韩厥的兵力，逼众将官跟赵武见面。

众将官不得已，只好说："从前在下宫所发生的灾难，都是屠岸贾做的主。他假传君命，要我们执行，否则我们也不敢这么做。要不是主君生病，我们早就想请国君恢复赵氏的地位了。如今国君您下了命令，这正是我们所希望的。"

景公让赵武和程婴一一拜会众将官，而这些将官反过来帮程婴和赵武攻打屠岸贾，灭了屠岸贾的家族。

赵武恢复了原先的封地，一如赵家从前。赵武从一出生就背负的血债，如今得以偿清。

## 最后的任务

又过了几年，赵武年满二十岁。

程婴向众大夫告别，然后对赵武说："下宫灾难发生时，很多人都勇于赴死，而我不是不能死，是因为心里老想着要抚育赵氏的后代。如今你已长大成人，也恢复了赵家旧有的地位，我将到九泉之下，向先君赵盾和公孙杵臼报告。"

霸主的崛起

赵武哭着跪地叩头，坚决地请求程婴留在世间，说："我就算一辈子劳碌，都会报答您，您怎么忍心离我而去？"

程婴说："杵臼当年认为我能办得了这件事，所以先我而死。我若不去告诉他一声，他会以为我事情没办好呢！"

程婴心意已决，不久就自杀了。

赵武为程婴服丧三年，还为他划出一块祭祀的封地，春秋两季定期祭祀，世世代代没有断绝。

## 延陵季子的预言

赵武与韩厥后来都被封为正卿。赵、韩两家在晋国的地位愈来愈巩固，而同时崛起的还有魏家的势力。

晋平公十三年（公元前 545 年），吴国的延陵季子（季札）奉命出使到晋国。当时他说了一句话："晋国的政权总有一天会落在赵文子、韩宣子和魏献子后代的手上！"

延陵季子的预测没错。在他说过这句话的一百六十多年后，早已被周威烈王封为诸侯的赵、韩、魏三家合力灭了晋国，瓜分了晋国的土地。

为期近三百年的春秋时期结束了，中国历史由此进入更为纷乱的战国时代。

# 三分钟读历史关键

《赵氏孤儿》是中国著名的历史故事，有许多版本，相关记载最早见于《左传》，但篇幅不多，直到《史记》才有完整的叙述。

然而《史记》对若干情节的描写与《左传》并不相同，屠岸贾、程婴和公孙杵臼等人也是在《史记》才见到的人物。

元代纪君祥根据《史记》，把《赵氏孤儿》编成杂剧，对故事内容做了一些调整，甚至让屠岸贾当起了赵氏孤儿的义父。如今大家所熟知的《赵氏孤儿》，便是纪君祥的版本。

纪君祥的版本确知是有所增衍的，但《史记》对此事的记载是否又真的符合史实呢？事实上，清朝人梁玉绳就曾经强烈怀疑历史上到底有没有屠岸贾、程婴和公孙杵臼这些人。

这种怀疑是有意义的。或者可以这么说，当事件原貌已无法得知，而"历史"（history）变成"他的故事"（his story），作为后世的读者，我们最该在意的或许不是那个无法得知的事件原貌，而是史家藉由虚构故事想传达的人世真义。

## 史记原典精选

赵朔妻成公姊，有遗腹，走公宫匿。赵朔客曰公孙杵臼，杵臼谓朔友人程婴曰："胡不死？"程婴曰："朔之妇有遗腹，若幸而男，吾奉之；即女也，吾徐死耳。"居无何❶，而朔妇免身❷，生男。屠岸贾闻之，索于宫中。夫人置儿绔❸中，祝❹曰："赵宗❺灭乎，若❻号❼；即不灭，

霸主的崛起

若无声。"及索，儿竟无声。已脱，程婴谓公孙
杵臼曰："今一索不得，后必且复索之，奈何？"
公孙杵臼曰："立孤❽与死孰难？"程婴曰："死
易，立孤难耳。"公孙杵臼曰："赵氏先君遇❾
子厚，子强❿为其难者，吾为其易者，请先死。"

《史记·赵世家》

---

　　赵朔的妻子是成公的姐姐，已怀有赵朔的孩子。她逃
到景公宫里躲了起来。赵朔的一位门客名叫公孙杵臼。杵
臼对赵朔的朋友程婴说："你为什么不死？"程婴说："赵
朔的妻子已有身孕，如果有幸生一男孩，我就奉养他；如
果是女孩，我再去死。"没过多久，赵朔的妻子分娩，生
下一个男孩。屠岸贾听到这个消息，便派人到宫里搜寻。
夫人把孩子藏在裤子里，祷告说："赵氏家族要是该灭绝，
你就哭；要是不该灭绝，你就别出声。"搜索时，婴儿竟
没出半点声响。躲过这次凶险，程婴对公孙杵臼说："这
次搜查没找到，日后必定还会再搜，怎么办？"公孙杵臼说：
"抚养孤儿和死哪个难？"程婴说："死容易，抚养孤儿难。"
公孙杵臼说："赵氏先君待你不薄，你勉强为他办难的事情，
我来为他做容易的事情，就让我先死吧！"

【注释】❶居无何：过了不久。❷免身：分娩，生产。免，通"娩"。❸绔：同"裤"，裤子。❹祝：祷告。❺宗：家族。❻若：你。❼号：哭。❽立孤：抚立孤儿。❾遇：对待。❿强：勉强之意。

## 词语收藏夹

一、**视死如归**：比喻人勇敢、不怕死。

例句 将士们在战场上冲锋陷阵，视死如归。

二、**苦尽甘来**：历经艰难，而后渐入佳境。

例句 刚开始做这行，他遭遇许多挫折，甚至倾家荡产，之后苦尽甘来，事业蒸蒸日上。

三、**万古流芳**：好的声名流传久远。

例句 程婴和公孙杵臼舍身救孤的义行万古流芳。

# 乱世圣哲

## 孔子的故事

生在一个「不仁」的时代，
为求得一个改变时代风气的机会，
孔子惶惶奔走，
可是他运气很不好，
「知其不可为而为之」的勇气，
换来的是别人的曲解、猜忌和陷害。

## 受困于陈、蔡

要了解一个人真正的能耐，往往不是看他手里握有多少权力和财富，而是要看他在困窘时能有什么样的作为。

鲁哀公六年（公元前489年），孔子六十三岁。他领着一群弟子，在蔡国已经住了三年。

这一年，吴国攻打陈国。楚国出兵援救陈国，驻扎在城父这个地方。听说孔子正在陈国与蔡国之间，楚昭王于是派人前去邀请，而孔子也打算到楚国拜见楚君。

陈国与蔡国的大夫共同商量："孔子是个贤人，他所说的话都切中要害。如今他在陈、蔡之间逗留，而各位大夫的施政都不合乎他的主张。楚国是个大国，现在要把孔子接迎过去，孔子若被楚国所用，那么我们这些陈、蔡两国的执政大夫还能坐得安稳吗？"于是他们发动一些服劳役的人，把孔子一行人围困在郊野。

孔子脱身不得，粮食用尽，弟子都饿得病恹恹的，起不了身。然而孔子此刻却读起诗或弹起琴唱起歌来，一刻也没有停止。

子路很不高兴地说："君子也有这样落魄的时候吗？"

孔子说："君子在落魄的时候，还会守住自己的节操；小人在落魄的时候，就会胡作非为了。"

孔子知道弟子们都心怀不满，便问子路："《诗》说：'那些犀牛、那些老虎，在旷野上奔走。'而我，是不是弄错了主张？为什么也沦落到在旷野奔走的地步呢？"

子路说："我想，大概是我们的德行不够吧？人们都不相信我们。或者，是我们的智慧不够，没能让这些人放我们走。"

孔子说："是这样吗？子路啊，假如具备德性就能让人信服，会有伯夷、叔齐的事吗？假如具有智慧就能通行无阻，会有比干的事吗？"

孔子所提到的伯夷、叔齐，是殷商遗民，两人都是贤者，因为发誓不吃周朝的米粮，所以饿死在首阳山。比干是商纣的叔父，是个能看清时势的人，向商纣劝谏，却被挖出心来。

子路告退，子贡接着上前，孔子用同样的问题问他。子贡回答："夫子的主张太博大了，所以天下没有地方能容得下夫子。夫子为何不把标准降低一点儿呢？"

孔子说："子贡啊，好的农夫能耕种，却不能保证有好的收获；好的工匠拥有精巧的手艺，却不一定能让顾客满意。君子研究他的主张，就像编网一样，先求一个基本的架构，然后再慢慢梳理，却也不一定就会被人所接受。如今你不去好好研究自己的主张，而只是想降低标准，以求得别人的认同。子贡啊，你的志向实在不够远大！"

在子贡之后的是颜回，孔子也用同样的问题问他。颜回回答："夫子的主张很博大，大到天下都无处可容。尽管如此，夫子还是要推行，不被接受又怎样？不被接受才显得出君子的涵养。要是主张不完备，那是我们的羞耻；要是主张都已完备而不为所用，那是当权者的羞耻。不被接受又何妨？不被接受才显得出君子的本色！"

孔子一听这话，高兴地笑了，说：“好一个颜家小子！要是你有很多钱，就让我来替你理财吧！”孔子这话似乎是在开玩笑，其实是表示对颜回的认同，把颜回当成一个可共事的人。

为了解决眼前的困境，孔子派了子贡到楚国去。楚昭王派兵前来迎接，这才替孔子解除了危机。

## 动荡不安的鲁国

有德有智者不一定有机会，但一个君子不能因为没有机会就失去对自我本分的要求。这就是孔子的人生态度。多少年来，孔子都以这种态度过活，就算遇到再大的困厄，也从未放弃理想。

孔子是鲁国人，名丘，字仲尼，生于鲁襄公二十二年（公元前551年）。在他三岁时，父亲叔梁纥就过世了，母亲颜氏一手把他带大。他的先祖来自宋国，而宋国是殷商后人所建立的，因此孔子在日后总称自己是殷商的人。

孔子从小就对礼仪很感兴趣，连游戏都要学祭祀的模样。

家境贫穷、地位低下的他，做过许多卑微的工作，满二十岁后，曾担任鲁国大夫季氏手下管理粮仓和畜牧的小官。

那是春秋晚期，晋、楚、齐都是大国。晋平公淫乱，赵氏、韩氏、魏氏、智氏、范氏和中行氏等六个公卿把持国政，向东面的诸侯发动战争。楚灵王军力强盛，也对中原各国进行侵略。

鲁国弱小，若依顺楚国就会得罪晋国；若依顺晋国就会得罪楚国。齐国距鲁国最近，只因鲁国有些事没让齐国称心，齐国便几番攻打鲁国。

鲁昭公二十年（公元前 522 年），孔子三十岁。齐景公和大臣晏婴来到鲁国。景公向孔子请教施政治国的道理："以前，秦穆公的国家小，又处在偏远的地方，为什么他能成就一番霸业？"

孔子回答："秦国虽小，但志向远大；地方虽然偏远，但施政正直。秦穆公用五张羊皮赎来为楚成王养牛的奴隶百里奚，封他为大夫，亲自解开他身上的捆绳而起用他。和他谈了三天，秦穆公便将国政交给他。用这种方法来治理国家，别说霸业，连王业都做得到。"

齐景公听了这话，十分高兴。

大约在三十岁时，孔子开始招收门徒，传授自己的理念。

孔子三十四岁那年，鲁国大夫孟厘子病重将死，认定孔子是圣人的后代，嘱咐儿子懿子一定要拜孔子为师，跟他学礼。孟厘子死后，孟懿子就和南宫敬叔来向孔子学习礼仪。

第二年，鲁昭公二十五年（公元前 517 年），鲁国发生三桓之乱。所谓的"三桓"，分别是季孙氏、叔孙氏和孟孙氏，都是鲁桓公的后人。他们贵为鲁国大夫，位高而骄。

有一回，季平子和郈昭伯斗鸡，两人都作弊。季平子在鸡的翅膀上涂芥末，郈昭伯在鸡的脚上装铁爪。相斗结果，装铁爪的赢了涂芥末的。季平子大怒，派人占了郈昭伯的宅地作为惩罚。

郈昭伯也很恼怒，向鲁昭公投诉。

鲁昭公偏袒郈昭伯，出兵攻打季平子，想借机教训他。

季平子不服，于是联合叔孙氏，一起反击鲁昭公。持观望态度的孟孙氏见有机可乘，也带兵去援救季平子，三家联手，将鲁昭公打败。

鲁昭公出奔到齐国，被齐国安置在干侯这个地方。

孔子见国家正处于危急时刻，便动身前往齐国，当了高昭子的家臣，希望能借此接近齐景公。

## 错失孔子

在齐国，孔子和齐国的乐官畅谈乐理，欣赏并学习韶乐（虞舜时期的音乐），连续三个月吃肉都不知肉味，赢得齐国人的称许。

齐景公向孔子问起为政之道。

孔子说："当国君的要尽国君的本分，当臣子的要尽臣子的本分，当父亲的要尽父亲的本分，当儿子的要尽儿子的本分。"

齐景公频频点头，称赞说："讲得好！要是国君不像国君，臣子不像臣子，父亲不像父亲，儿子不像儿子，虽然有粮食，我能吃得到吗？"

后来有一次，齐景公又向孔子问起为政之道。

孔子回答："为政之道，在于节用钱财。"

齐景公听了很欢喜，想封一块土地给孔子，但晏婴反对。

晏婴对齐景公说："儒家这些人能言善道，用法令约束不了；他们个性高傲，自以为是，不能用来当部下；重视丧礼，即使破产也要办得风风光光，一旦形成风气，那还得了？他们四处游说，只为了求取禄位，而不可以用来治国。古代圣贤出生后，制礼作乐，自从周王室衰微，这套礼乐制度就出现残缺。如今孔子想复兴礼乐，讲究服装仪容，把上下朝的仪式弄得非常繁琐，还特别

在意快步行走的规矩。这种繁文缛节，几代人都不能学得周全，而仪式更是一年都做不完。国君若想用这套办法来改变齐国的风俗，绝非良策。"

齐景公听了这话以后，在接见孔子时只见恭敬，不再问及礼仪方面的事。

过了一阵子，齐景公对孔子说："我无法用季氏那样的待遇来对待你。"季氏是上卿，孟氏是下卿，于是齐景公就用季、孟之间的待遇来对待孔子。

齐国的大夫想加害孔子，孔子听说后向齐景公求救。齐景公对孔子说："我老了，不能用你了。"于是孔子离开齐国，返回鲁国。孔子在齐国一共待了两年。

## 退隐后出仕为官

一个人总要学会什么时候该做什么事情，这就是所谓的尽本分。孔子一直寻求机会，希望能将自己的主张加以实现，但并非饥不择食。

鲁昭公在外候待了七年，客死异乡，在鲁国接任君位的是鲁定公。

鲁定公在位的十年内，季氏骄纵，而阳虎作为一个公卿的家臣，竟把持了国家的政权，并和季氏闹得很不愉快。公山不狃也是季氏的家臣，季桓子派他担任费邑的费宰。后来公山不狃与季桓子发生矛盾，他便联合阳虎一同反对季氏。之后季氏用计，打败了阳虎，阳虎逃往齐国。在这期间，孔子退隐在野，忙着整理编订诗书礼乐，没有出来做官。他的门徒愈来愈多，许多来自远方的人纷纷向他求教。

阳虎出逃后，公山不狃仍以费宰的身份盘踞在费邑。定公八年（公元前502年），公山不狃召见孔子。孔子对治国之道探索已久，却苦无机会实践，如今有人邀请，虽然只是一个小小的费邑，一样能有所作为，便打算前往。

子路却不高兴，制止孔子。

孔子说："人家找我去，难道会让我白白跑一趟吗？要是用了我，我将让东周的政治风光再现！"

然而，孔子最终还是没去。

鲁定公九年（公元前501年），孔子接受定公的聘任，担任中都这个地方的长官。才一年的时间，就很有成效，各地都仿效他的治理方法。

孔子因治理有方，政绩卓著，随后由中都长升任司空，接着又由司空升任鲁国的大司寇。这也是孔子一生中所当过的最高层级的官职。

孔子出来做官，齐国怕鲁国因此强盛，对齐国造成威胁，便打算和鲁国建立友好关系。孔子担任会盟事宜的负责人，劝鲁定公要依古礼带兵前往，定公也答应了。

双方在夹谷一地相会，齐景公和鲁定公礼让一番，登上台阶，在坛位上坐定。齐景公的手下以为孔子懂礼貌而少勇，便想用武力劫持鲁侯以达到不可告人的目的。这一阴谋被孔子及时识破。孔子甚为气愤，义正词严地训斥了对方一通。对方只好作罢。

在将要盟誓时，齐人又想以献乐助兴为由羞辱定公。齐国让一群倡优和侏儒上前表演，孔子见后大怒，依周公礼法进行了反击，并就地严惩了齐国乐公。这次会盟，孔子以一个外交家的卓越才华，有理、有利、有节地进行了抗争，迫使齐景公在修好盟书上签字，并归还了过去所侵占的一部分鲁国土地，使鲁国取得了一次重大的外交胜利。

## 该是离开的时候

孔子治理国政三个月，做生意的不敢哄抬价钱；男女走在路上都会分开走；若有人在路上掉了东西，其他人也不会去捡。各地旅客到了鲁国城市，不必向官员送礼求情就能得到妥善照顾，大家都有宾至如归的感觉。

鲁国政治的改善让齐国人感到害怕，认为鲁国在孔子的主政下会开创一番霸业，而齐国邻近鲁国，恐怕第一个遭殃。于是齐国采纳大臣黎钮的计策，在国内挑选了八十位貌美的女孩和一百二十匹披着彩衣的良马，送给鲁国国君。

这八十位漂亮的女孩都穿着华丽的衣服，会跳"康乐舞"。齐国赠送给鲁国的美女和骏马达到鲁国都城时，齐国人故意将美女和骏马陈列在鲁国都城南门外进行表演。掌握鲁国政权的鲁国贵族季桓子穿着便装数次去偷看表演，看得上了瘾，向鲁国国君谎称四处巡视，以致荒废了政事。

见到这种情形，子路对孔子说："现在是夫子该走的时候了。"

孔子说："鲁国现在要进行郊祭，要是郊祭后仍依照礼仪把祭肉分给大夫，那么我还是会留下来。"

鲁定公终于接受了齐国所送的美女，竟然一连三天不理政务；郊祭之后又不送祭肉给大夫。孔子见鲁定公和大权在握的季桓子沉溺于声色难以自拔，国家出现难以挽回的衰败迹象，便率领弟子离开了鲁国。

## 周游列国

孔子开始周游列国，寻找实践理想的机会。这是一段漫长而艰辛的旅程，途中屡次遭遇危险。

首先，孔子去了卫国。但有人说孔子的坏话，于是卫灵公派人监视孔子。孔子怕灾祸临头，便离开了卫国。

前往陈国途中，经过匡城。孔子长得像阳虎，而匡城人民受过阳虎的迫害，误把孔子当作阳虎，将他围困了起来。孔子便派随从去向卫国大夫宁武子求助，这才化解了匡人的误会。

孔子一行人离开匡城，行不到两日又在蒲乡受阻。经过蒲乡，孔子在蘧伯玉的邀请下，又回到卫国，受到卫灵公夫人南子的召见。灵公与南子同车，宦官雍渠陪侍左右，命孔子搭第二辆车，一起招摇过市。孔子引以为耻，说了一句："我从没见过喜爱道德像喜爱美色一样的人！"便离开卫国到曹国去，接着又到了宋国。

宋国司马桓魋不喜欢孔子的那套学说理念，想杀孔子。孔子便离开了宋国。

到了郑国，孔子与弟子失散，一个人站在东门。

霸王的崛起

135

子贡到处找寻孔子。郑国人对子贡说："我见到东门有个人，额头长得像尧，脖子长得像皋陶，肩膀长得像子产，从腰部以下比禹短三寸，可是他垂头丧气的，倒像丧家之犬。"

当子贡找到孔子，把郑国人所说的话一五一十地说给孔子听，孔子笑着说："那个人形容我的样子不一定正确，可是他说我像丧家之犬，倒是对极了！"

郑国彼时小人当权，没有收留孔子。孔子又到陈国，在陈国住了三年，因战事频发，最后离开陈国，经过蒲来到了卫国。

卫灵公终究还是没有重用孔子，于是孔子又离开卫国，再度来到陈国。

那年秋天，鲁国执政大夫季桓子生了重病，在行车中见到鲁国城池，感慨地说："这个国家从前几乎要兴盛起来，都是我得罪了孔子，所以才没能兴盛。"季桓子所说的得罪孔子，指的便是当年沉溺于女色又不送祭肉给大夫的事。

季桓子回头向他的儿子康子说："我死了之后，你一定会当上鲁国的佐相。等你当了相，一定要把孔子召回来。"

不出数日，季桓子过世了。康子接位，想把孔子召回来，但害怕这次又像上次那样不能善了，被诸侯耻笑，因此退而求其次，召了孔子的门生冉求。

孔子离开陈国到蔡国去。在蔡国期间，去了一趟叶城，在返回蔡国途中，遇到长沮、桀溺两个隐者。

桀溺对前来向自己问路的子路说："天下纷纷扰扰，谁能改变它呢？你与其跟着躲避暴君的人，还不如跟随我隐居呢！"

子路将隐者的话告诉孔子。孔子感叹地说："我们无法跟鸟兽同居一处（意指隐居）。要是天下有道的话，我就不用去改变它了。"

孔子在蔡国住了三年。后又到了楚国，之后又从楚国到了卫国。

鲁哀公十一年（公元前484年），孔子六十八岁。齐国派兵攻打鲁国，冉求打了胜仗。季康子问他是跟谁学的用兵之道？冉求回答说是跟老师孔子学的。季康子又问冉求："孔子这个人怎么样？"

冉求说："夫子做事，一向讲求名正言顺。他的主张，不论是用在百姓身上还是在鬼神之前质问，都是俯仰无愧的。冉求有了战功，得到两千五百户人家的封赏，但对夫子来说，他会认为这也不是什么有利的事。"

季康子说："我想召他回来，可以吗？"

冉求回答："想召夫子回来，别让小人从中作梗就行。"

当时，卫国国卿孔文子想要攻打太叔，向孔子请教对策。孔子推说不知，告退后准备离开卫国，说："鸟能选择树木，树木岂能选择鸟？"而孔文子一直挽留他。正巧遇到季康子派人带了币帛来迎接孔子，于是孔子就决定回鲁国去了。

从五十五岁离开鲁国到六十八岁返国，孔子在国外颠沛流离了十四年。在这十四年当中，孔子走过卫、曹、宋、郑、陈、蔡、叶、楚等地，始终没找到一个可以施展自己的政治抱负的对象。

## 随心所欲的晚年

孔子回到鲁国后，鲁哀公向他问起为政之道，但终究没有任用他，而孔子也不求一官半职了。

孔子在晚年，把精力都投注在编撰典籍和教导学生上。

《诗》《书》《易》《礼》《乐》《春秋》，这几部对后世影响巨大的典籍，便是经过孔子精心的整理和编纂。

其中的《春秋》是以鲁国为中心而撰成的史书，记载鲁隐公元年到鲁哀公十四年的各国大事，用简约的文笔对当时发生的事件进行褒贬。

孔子说："后代的人了解我，是因为《春秋》；怪罪我，也是因为《春秋》。"孔子曾经用一段话来概括他的一生："吾十五有志于学，三十而立，四十而不惑，五十而知天命，六十耳顺，七十从心所欲、不逾矩。"这成了后人所追求的人生典范。

在孔子七十一岁和七十二岁的两年间，弟子颜回过世，宰我和子路相继死于兵灾，孔子悲痛逾常。

鲁哀公十六年（公元前 479 年），孔子七十三岁，身患重病，子贡前来探访。

孔子对子贡说："你怎么来得这么晚呀？"接着又说："哲人就要凋萎了！天下无道已久，都没有人奉行我的主张。夏朝人死后停棺在东阶，周朝人死后停棺在西阶，商朝人死后停棺在厅堂的两柱之间。昨晚我梦见自己坐在两柱之间受人奠祭——我原本就是殷商的人啊！"

七天后，孔子便过世了。

孔子被安葬后，他的门生和再传弟子把他的一些言行辑录成《论语》一书。儒学此后发扬光大，而孔子以一介平民被尊为"至圣"。

孔子在世的时候，常有人问起孔子是怎么样的一个人？

孔子的得意门生颜回有段话，也许可当作最好的答案：

夫子的学问博大精深，愈是仰望，愈觉得崇高；愈是钻研，愈觉得坚实。起初看它是在前面，忽然又在后面。夫子一步一步教导我：先是用典籍让我的知识广博，接着又用礼仪规范我的行为，我想停止学习都不可能。我已竭尽所能，而夫子的学问依旧耸立在我面前，我已努力想跟上去，但实在无法跟得上！

## 三分钟读历史关键

儒家的中心思想是"仁"。从字面上说，"仁"是"两个人"，也就是"他我"的关系。

这种"他我"的关系显现在很多方面，如君臣之间、父子之间、夫妻之间、兄弟之间、朋友之间……若要求得"他我"关系的和谐正当，一个人要先尽自己的本分，因此孔子才会说："君君，臣臣，父父，子子。"若是"君不君，臣不臣，父不父，子不子"，那么一切粗暴残害的事情都会随之而来。

依"仁"而实践的社会是美好的，但孔子生长在一个"不仁"的时代。孔子惶惶奔走，是为了求得一个改变时代风气的机会。可是他的运气很不好，"知其不可为而为之"的结果，是不断换

来别人的曲解、猜忌和陷害。

司马迁写孔子的故事，看得出他对孔子的同情和敬仰。事实上，从某个角度来说，司马迁也是孔子那种类型的人物。虽然他们所处的时代严重扭曲变形，但他们却能洁身自好，始终如一地坚守自己的理念。

## 史记原典精选

孔子曰："赐❶，《诗》云：'匪兕匪虎，率彼旷野。'❷吾道非邪？吾何为于此？"子贡曰："夫子之道至大也，故天下莫能容夫子。夫子盖❸少贬❹焉？"孔子曰："赐，良农能稼❺而不能为穑❻，良工能巧而不能为顺❼。君子能修其道，纲而纪之❽，统而理之❾，而不能为容。今尔不修尔道而求为容。赐，而❿志不远矣！"

子贡出，颜回入见。孔子曰："回，《诗》云：'匪兕匪虎，率彼旷野。'吾道非邪？吾何为于此？"颜回曰："夫子之道至大，故天下莫能容。虽然，夫子推而行之⓫，不容何病⓬，不容然后见君子！夫道之不修也，是吾丑⓭也。夫道既已大修而不用，是有国者⑭之丑也。不容何病，不容然后见君子！"孔子欣然而笑曰："有是哉颜氏之子！使⑮尔多财，吾为尔宰。"

于是使子贡至楚。楚昭王兴师⑯迎孔子，然后得免。

《史记·孔子世家》

---

孔子说："赐，《诗经》说：'那些犀牛、那些老虎，在旷野上奔走。'我的主张错了吗？为什么也会流落到这个地步？"子贡说："夫子的主张太博大了，因此才使得天下无法容纳您。夫子为何不稍微降低标准呢？"孔子说："赐，好的农夫能耕种却不一定有好的收成，好的工匠有精巧的手艺却不一定能让顾客满意。君子修炼他的学问，先求一个基本架构再慢慢地梳理头绪，却也不一定能够被接受。如今你不修炼自己的学问，只想降低标准好求得别人的认同。赐，你的志向不够远大呀！"

子贡出去之后，颜回进来见孔子。孔子说："回，《诗经》说：'那些犀牛、那些老虎，在旷野上奔走。'我的主张错了吗？为什么也会流落到这个地步？"颜回说："老师的学说博大到极点了，所以天下没有一个国家能容纳老

师。虽然是这样，老师还是要推行自己的学说，不被天下
接受又有什么关系呢？不被接受，这样才能显出君子的本
色！一个人不研修自己的学说，那才是自己的耻辱。至于
已下大力研修的学说不被人所用，那是当权者的耻辱了。
不被天下接受又有什么关系呢？不被接受，这样才能显出
君子的本色！"孔子听了欣慰地笑着说："是这样的啊，
姓颜的小伙子！假使你有很多钱财，我愿意给你做管家。"

　　于是派子贡到楚国去。楚昭王调动军队来迎接孔子，
这才除了这场灾祸。

【注释】❶赐：即子贡。❷匪兕匪虎，率彼旷野：这两句出自
《诗经·小雅·何草不黄》，意思是：那些犀牛、那些老虎，循
路走在旷野上。孔子引这句话来反衬自己被围困在郊野中的窘
迫。匪，彼、那；率，循径而行。❸盖：大概。❹贬：降低。
❺稼：耕种。❻穑：收割谷物。❼：顺心。意指让顾客满意。
❽纲而纪之：像编网一样先求一个架构，找出头绪。纲，提网的
总绳；纪，丝绳的开端。"纲"和"纪"在这里都当作动词，用
来比喻为学之道。❾统而理之：找出头绪，加以梳理。统，意思
与"纪"一样；理，梳理。"统"和"理"在这里也是动词，同
样用来比喻为学之道。❿而：你。⓫推而行之：指推广实行孔
子的学说和主张。⓬意思是说，不接受有什么关系呢？病，忧，
患。⓭丑：耻辱。⓮有国者：享有国家的人，即国君。⓯使：假
使。⓰兴师：调动军队。

# 词语收藏夹

**一、穷斯滥矣**：原本完整的句子是"君子固穷，小人穷斯滥矣！"意思是君子在穷困时还能守住节操，小人在穷困时就会胡作非为。

例句　这个人失业后不去找工作，整天泡网吧，钱用光了竟然去抢劫，真是穷斯滥矣！

**二、丧家之犬**：无家可归的狗。比喻无处投奔，到处乱窜的人。

例句　敌人溃不成军，惶惶如丧家之犬。

**三、哲人其萎**：比喻有德行有智慧的人将要死去。其，将。这句成语常用来作为丧礼上的悼词。同样意思的成语有"泰山其颓""梁木其坏"。

例句　一代大师亡故，哲人其萎，令人惋惜。

# 没上过战场的头号功臣

萧何聪明，有才干，
善于分析和经营，
并且懂得调度。
他更有识人之明，
是绝佳的政府管理人才。

## 能干的萧何

秦朝末年，刘邦起兵反抗暴秦，从一个沛县的亭长最终成为汉朝的开国皇帝。他之所以能成就如此功业，关键在于他用对了人。在那些帮他打江山的臣子里，就属萧何的功劳最大，算得上是头号功臣，然而萧何却从来没有上过战场。

萧何和刘邦是同乡，当初在沛县时，萧何就对刘邦很好。当刘邦做了亭长，要押送服劳役的人到咸阳去时，其他官员都只给他三百钱，独独萧何给了五百钱。

萧何办事精明，被拔擢到郡里去管理文书，每次考核政绩总拿第一。上面的御史想推荐萧何到中央政府去，萧何推辞了，没有去。

刘邦起兵后，萧何追随他，为他管理后勤事务。

那年，刘邦攻进咸阳，将领们争相跑到府库去瓜分金银财宝，只有萧何抢着收藏秦朝的文书档案。后来，项羽和诸侯们进了咸阳，上演屠城计，一把火将咸阳烧成一片废墟。

刘邦当上汉王后，任命萧何为丞相。刘邦能够清楚知道天下的要塞地势、户口的多少、地方的强弱虚实，靠的就是萧何从秦朝宫里取得的这批文书档案。

萧何还为刘邦推荐了韩信，让刘邦任命韩信当大将军，而韩信在日后果真功勋卓著，为刘邦立下汗马功劳。

## 后方大当家

楚汉相争开始后，刘邦带兵进了关中，收服三秦。萧何留在巴蜀，负责后方的生产和军队的补给。

汉高祖二年（公元前205年），刘邦联合其他诸侯对楚国发起攻击。萧何镇守关中，制定法令规章，在后方搞建设、发展生产。当然，所有这些事他都会上奏刘邦，在刘邦批准之后才做。若有来不及上奏的，萧何也会视情况而行，等刘邦回来后再向他报告。

萧何在关中依照户籍人口来征收粮食，以供军需。

刘邦常被项羽打败，损失惨重，萧何就以关中的兵员加以补充，因此刘邦把关中的事都交给萧何处理。

第二年，刘邦和项羽的军队在京县和索城之间相持不下。在这段时间里，刘邦常派人去慰问萧何。

有个叫鲍生的对萧何说："大王在外头奔波忙碌，却屡次派人来慰劳丞相，这是对您起了疑心。我为您着想，建议您不如打发您的子孙和同族兄弟，只要能拿得起兵器的就去军队报到，君主一定会更加相信您。"

萧何照着鲍生的话去做，刘邦果然很高兴。

## "功狗"与"功人"

汉高祖五年（公元前202年），项羽兵败自刎，天下初定，要依功劳大小进行封赏。群臣争功，过了一年多还没定下来谁功劳大，谁功劳小。刘邦认为萧何的功劳最大，便封他当酂侯，赏赐的封邑最多。

那些拥有战功的臣子都说："我们这些人披着战甲，拿着武器，在战场上拼死拼活，多则打了百余场仗，少则打了几十场仗，攻城略地，大小战功各有不同。萧何没有一点儿功劳，只会舞文弄墨，发表议论，从未上过战场，如今却受到比我们还高的封赏，这是为什么？"

刘邦对他们说："各位知道打猎吗？"

"知道。"

"那你们知道猎狗吗？"

"知道啊！"

"所谓的打猎，追捕兔子的是猎狗，发现兔子踪迹并指挥猎狗到哪里去追的是人。各位，你们今天得到的只是猎物，所以是"功狗"。至于萧何，发现猎物踪迹并指示各位去追，所以是"功人"。再说，各位只是独自一个人跟着我，最多再加上两三个亲友。而萧何是整个家族几十个人都跟着我，这种功劳，我怎么能忘？"

刘邦的这番话说得大家哑口无言。

等大臣们都受封完毕，准备排定位次，群臣又说："平阳侯曹参在战场上冲锋陷阵，身上受了七十多处伤，攻城略地，战功最多，应该排第一。"

刘邦先前已用"功狗"和"功人"的比喻说得大家不敢吭声，封赏萧何最多，这回实在很难再加以反驳，便没有出声。

关内侯鄂千秋这时上前说："大家说的其实不对。曹参是有战功没错，不过那是一时的事情。皇上与楚国打了五年仗，折损了不少部队，弄到只身脱逃的情形就有好几次，只有萧何能不需主上下令，从关中调度兵力，让几万人在短时间内报到。记得我们与楚国在荥阳对峙的几年间，我军粮尽，是萧何既用陆运又用水运，让粮食及时送到，部队才有得吃。陛下几度失去殽山以东的土地，是萧何守住关中，才让陛下有了靠山，这是万世之功。像曹参这样的人，少他几百个，对我大汉有什么损失？就算得了这样的人，大汉也不一定能得以保全。怎么能够让一时的军功凌驾在万世之功上？萧何应该排第一位，曹参次之。"

刘邦对这话表示赞成，于是下令让萧何排在第一位，赐他可以带剑、穿鞋上殿，上朝的时候不必依礼慢行而可快步行走。鄂千秋荐举有功，加封为安平侯。

当天，刘邦又封萧何父子兄弟十几人，让他们拥有食邑。封赏完毕后，刘邦思考片刻，又多封两千户给萧何，这是因为刘邦忆起当年要送劳役到咸阳时，萧何比县里的其他官吏多给了他两百钱。

## 不好坐的相位

汉高祖十一年（公元前 196 年），刘邦亲自带兵去攻打反叛的陈豨。淮阴侯韩信也有要在关中造反的迹象，吕后运用萧何的计谋，把韩信骗进宫里，然后杀了他。

刘邦听说韩信已经被杀，便派使者回国都长安，拜丞相萧何为相国，还命令士卒五百人和一个都尉当他的护卫。

所有的人都来向萧何道贺，只有一个叫召平的人表示哀悼，对萧何说："灾祸就是从这里开始的。皇上在外头奔波而相国守在关中，又不是为了打仗的事，却加封您的土地，还派护卫来。

霸王的崛起

149

虽然是因为淮阴侯想在关中造反，但皇上对您也起了疑心。派卫队来保护您，不是宠爱您啊！建议您推掉这些封赏，再把所有的家产捐出去，供作军费，那么皇上就会很高兴。"

萧何依了召平的话去做，刘邦果然大为高兴。

转年，英布作乱，刘邦又亲自带兵去讨伐，但屡次派人探问相国的动静。

在这段时间，萧何除了对百姓进行安抚和勉励，一如先前那样捐出所有的家产，以佐助军需。

有人对萧何说："您不久就要被灭族了。您位居相国，功劳第一，还能往上再加什么？当初您到关中来，深得民心，十多年来，百姓都听您的，而您也都勤勉地为百姓着想。皇上屡次派人

来问候您，就是怕您在关中有所动作。相国为什么不多买一些田地，用低价、赊贷的方法来玷污自己的名声？这样的话，皇上看了才会安心。"

萧何照着做，刘邦看了果然高兴。

刘邦在平定英布后返朝，有百姓在路上挡驾上书，说相国用低价强买百姓田宅数千万。

刘邦回到长安，笑着对萧何说："相国真是利民呀！"接着把百姓所告的状拿给萧何，并且说："你自己去跟百姓道歉吧！"

由于谈到"利民"，萧何乘机请求刘邦拿出上林苑的空地让百姓种田，以免荒废。

刘邦大怒，说："你是受了商人什么好处？竟敢动脑筋想占用我的上林苑！"于是下令把萧何铐起来，关进牢里。

几天后，王卫尉为相国说情："相国当初守关中的时候，动动脚就能让陛下失去函谷关以西的土地。当时不乘机牟利，如今还会贪图商人什么好处？秦朝因为不反省自己的过错而失掉天下。李斯担任秦朝的丞相，有美名都归皇帝，有恶名都归自己，这样的做法又有什么好仿效的呢？为什么陛下会疑心相国到这样

苛刻的地步？"

刘邦听了这番话，虽然不太高兴，但当天还是派人赦免了萧何。

萧何这时岁数已经很大了，平常就很恭谨的他被释放后，更是光着脚来向刘邦谢罪。

刘邦说："算了吧！相国是为百姓着想才请求使用上林苑的，我没答应，不过是因为我是桀、纣那样的国君，而相国是个贤相。我之所以把相国关起来，是想让百姓知道我的过错。"

## 萧规曹随

曹参也是沛县人，早年曾跟萧何在沛县共事，然而虽然都是汉朝的开国元勋，曹参与萧何却向来不和睦。

刘邦死后，惠帝即位。惠帝二年（公元前193年），萧何生了重病，惠帝亲自前去探病，问："相国百年后，谁能接替您的位置？"

萧何回答："臣的心思，皇上最清楚。"

惠帝说："曹参怎么样？"

萧何跪地叩头说："要是皇上能用他，那我死而无憾。"

萧何过世后，惠帝便任命曹参为相国。

曹参谨守萧何所制定的法度，一切以省事便民为主，后人称之为"萧规曹随"。

萧何晚年所置的田产都在偏僻之处，建造房子从不盖围墙。萧何说："我的后代子孙若是贤明，就会效法我的节俭；若是不贤明，这些不值钱的家产也不会被有权有势的人家夺去。"

## 三分钟读历史关键

根据《史记》的记载，我们可以这么描述萧何这个人：聪明，有才干，守职分，对百姓好，善于分析和经营，懂得调度。

除此之外，更重要的还有两点：

一、萧何有识人之明，例如推荐不被看重的韩信当大将军，以及认同惠帝找曹参来接替相位，尽管他与曹参并不和睦。

二、萧何从善如流，会听人劝告，以便趋吉避凶，例如听从召平的建议，捐出自己的家产以供军用，好让刘邦不要对他心存怀疑。

这是一个绝佳的政府管理人才，是上天赐给刘邦的一份礼物。

刘邦很依赖萧何，起初也颇感激他的贡献，但他疑心病很重，对忠心耿耿的萧何也屡屡表示怀疑。萧何因此而担惊受怕，虽位极人臣也战战兢兢，真是"伴君如伴虎"。

《史记》所记载的萧何故事发人深省，其中以"功狗""功人"的那一段最为精彩。世人争名夺利的丑态和刘邦作为一个平民皇帝的粗鄙，都在这段短短的文字里展现无遗。

## 史记原典精选

汉五年，既杀项羽，定天下，论功行封。群臣争功，岁余功不决。高祖以萧何功最盛，封为酇侯，所食邑多❶。功臣皆曰："臣等身被坚❷

执锐❸，多者百余战，少者数十合，攻城略地，大小各有差。今萧何未尝有汗马之劳，徒持文墨议论，不战，顾❹反居臣等上，何也？"高帝曰："诸君知猎乎？"曰："知之。""知猎狗乎？"曰："知之。"高帝曰："夫猎，追杀兽兔者狗也，而发踪❺指示兽处者人也。今诸君徒能得走兽耳，功狗也。至如萧何，发踪指示，功人也。且诸君独以身随我，多者两三人。今萧何举宗❻数十人皆随我，功不可忘也。"群臣皆莫敢言。

列侯毕已受封，及奏位次，皆曰："平阳侯曹参身被七十创，攻城略地，功最多，宜第一。"上已桡❼功臣，多封萧何，至位次未有以复难之，然心欲何第一。关内侯鄂君进曰："群臣议皆误。夫曹参虽有野战略地之功，此特一时之事。夫上与楚相距五岁，常失军亡众，逃身遁者数矣。然萧何常从关中遣军补其处，非上所诏令召，而数万众会上之乏绝者数矣。夫汉与楚相守荥阳数年，军无见❽粮，萧何转漕关中，给食不乏。陛下虽数亡山东❾，萧何常全关中以待陛下，此万世之功也。今虽亡曹参等百数，何缺于汉？汉得之不必待以全。奈何欲以一旦之功而加❿万世之功哉！萧何第一，曹参次之。"高祖曰："善。"于是乃令萧何，赐带剑履上殿，入朝不趋⓫。

《史记·萧相国世家》

汉高祖五年，刘邦杀了项羽，平定了天下，准备论功行赏。群臣争功，过了一年多还没定下来。高祖认为萧何的功劳最大，封他当酂侯，赏赐的封邑最多。有功之臣都说："我们这些人披着战甲，拿着武器，多则打了百余场仗，少则打了几十场仗，攻城略地，大小战功各有不同。如今萧何不曾有过汗马功劳，只会舞文弄墨、发表议论，从未上过战场，却受到比我们还高的封赏，这是为什么？"刘邦说："各位知道打猎吗？""知道。""那你们知道猎狗吗？""知道。""所谓的打猎，追杀兔子的是猎狗，发现兔子踪迹并指挥猎狗去追捕的是人。各位今天得到的只是猎物，所以是'功狗'。至于萧何，发现猎物踪迹并指示各位去追，所以是'功人'。再说各位只是单独一个人跟着我，最多再加上两三个亲友。而萧何整个家族几十个人都跟着我，这种功劳，我怎么能忘？"群臣都不敢再说话。

霸王的崛起

　　列侯均已受到封赏，待到向高祖进言评定位次时，群臣都说："平阳侯曹参身受七十处创伤，攻城夺地，功劳最多，应该排在第一位。"高祖已经委屈了功臣们，较多地赏封了萧何，到评定位次时就没有再反驳大家，但心里还是想把萧何排在第一位。关内侯鄂千秋进言说："各位大臣的主张是不对的。曹参虽然有转战各处、夺取地盘的功劳，但这不过是一时的事情。大王与楚军相持五年，常常失掉军队，士卒逃散，只身逃走有好几次了。然而萧何常从关中派遣军队增援前线，这些都不是大王下令让他做的，数万士卒开赴前线时正值大王最危急的时刻，这种情况已有多次了。汉军与楚军在荥阳对垒数年，军中没有现存的口粮，萧何从关中用车船运来粮食，军粮供应从不匮乏。陛下虽然多次失掉崤山以东的地区，但萧何一直保全关中等待着陛下，这是万世不朽的功勋啊。如今即使失去上百个曹参这样的人，对汉室又有什么损失？汉室得到了这些人也不一定得以保全。怎么能让一时的功劳凌驾在万世功勋之上呢！应该是萧何排第一位，曹参居次。"高祖说："好。"于是便确定萧何为第一位，特恩许他带剑穿鞋上殿，上朝时可以不按礼仪小步快走。

【注释】❶所食邑多：所享有的封邑最多。古地封邑的各户人家必须缴税，因此称作"食邑"。❷被坚：身穿铠甲。被，同"披"；坚，坚实之物，指甲胄。❸执锐：拿着武器。锐，锐利之物，指刀枪等兵器。❹顾：却，然而。❺发踪：发现踪迹。❻宗：宗族。❼桡：通"挠"，使之屈服。❽见：通"现"，现成。❾山东：崤山以东，泛指秦时的东方六国之地。❿加：加之于上，即今所谓"凌驾"。⓫趋：小步疾行，这是古人在君长面前走路时的一种礼节性姿势。

# 词语收藏夹

**一、便宜施行**：经过许可，不用请示，根据事情的情况，自行处理。同类语词有"便宜行事""便宜处置""便宜从事"等。

`例句` 领导出差了，遇到这种情况，我们也只好便宜施行。

**二、疑人勿用，用人勿疑**：怀疑他人就不要用他，既然用了就不要怀疑他。

`例句` 这家公司在工作中，一向秉持"疑人勿用，用人勿疑"的原则。

**三、萧规曹随**：比喻后人根据前人的规划来做。同类语词有"沿袭成规""率由旧章"等。

`例句` 既然上一任负责人做出这么完善的计划，那么你就萧规曹随吧！

# 决胜千里

## 张良的故事

张良的一生是个传奇。
他极富聪明才智，
分析事理深入而精确，
总能掌握事情的前因后果，
从而做出正确的判断。

## 决战时刻

张良，字子房，与萧何、韩信并称汉初三杰。

刘邦在还没称王之前，大家都称他沛公。他领着大军，连年征战，向西进入武关来到峣关前。刘邦正要攻打峣关的秦军，被张良劝止了。

张良说："秦朝的兵力还很强，不要大意。我听说镇守峣关的秦朝将领是个屠夫的儿子，像这种市侩之徒，最容易受到利诱。我希望沛公暂且留守军营，派几个人先走，说是要为五万人准备粮食，同时在各个山头上插上旗帜，故布疑兵，再派郦食其带贵重物品去贿赂秦朝将领。"

刘邦照着张良的话去做。镇守峣关的秦将果然答应反叛，说要和刘邦一起西击咸阳，而刘邦也打算同意。

张良又劝说道："这只是峣关的守将想要反叛而已，恐怕他手下的士兵们不会听从。士兵们若不听从，那就糟了，不如趁现在他们松懈的时候给予痛击。"

刘邦于是领兵进袭，把秦军打得溃不成军、落荒而逃。刘邦乘胜追击，再败秦军，进入咸阳。秦王子婴向刘邦投降。

刘邦进入秦宫，想留下来坐拥数以千计的后宫佳丽，以及难以计数的财宝。樊哙劝刘邦，刘邦不听，是张良的一句"才入秦宫，就要享乐，这不是所谓的'助纣为虐'吗？"才让刘邦将美女和宝物封存不动，把军队带回霸上。

后来，项羽恼怒刘邦先入咸阳，心生杀机。若不是张良以计谋缓和了项羽的怒气，在险象环生的鸿门宴上，项羽早就杀了刘邦。

汉高祖元年（公元前206年），刘邦被封在偏远的巴蜀一带，称汉王。

在前往巴蜀的途中，张良劝刘邦烧了所有经过的栈道，以表示没有回头的意思，好让项羽不起疑心。

刘邦照着张良的建议做了。正因为刘邦烧了栈道，项羽后来才自以为没有后顾之忧，带兵去攻打齐国反叛的田荣。哪晓得趁他攻打齐国之际，出兵抢夺关中的正是刘邦。

楚汉相争期间，刘邦寻觅讨伐楚国的大将。张良说："九江王英布是项王的猛将，但与项王之间存有芥蒂。彭越跟齐王田荣合作，正在反抗楚国。这两个人都可以作为一时之用。至于汉王的将领中，有个韩信是可以独当一面的。用好这三个人，楚国可破。"

英布、彭越和韩信，这三个人后来都被刘邦所用。果然如同张良所说，这三名大将成为击败楚国的中坚力量。

张良每一次建言和献计，刘邦都几乎言听计从。

对于很多战役的进程和局势的发展来说，张良就像一个完全掌握剧情的导演，而刘邦、项羽等英雄豪杰只是照着他编写的剧本把戏演出来。奇怪的是，这么会教人打仗的张良却从来没有上过战场，没有打过一场仗。

刘邦对张良推崇备至，曾说："在营帐里谋划就能决定千里以外的战争胜负，我不如子房。"

张良做出了一番奇男子才能做出的事业，但实际上，他体弱多病，外表全然不像奇伟的男子，倒像是一名娇柔的女子。

## 孺子可教矣！

尽管刘邦从没有称呼过张良一声"老师"，但张良其实就是教刘邦如何成为帝王的导师。

张良在还没有成为"帝王之师"前，只是一名普通的学子，而他的老师则是一个他完全不熟识的老人。

张良出生于战国时期的韩国，他的祖父和父亲都曾当过丞相。

秦国灭韩的时候，张良年纪还小，所以没有在韩国当官。他稍稍长大，便散尽家财，寻求能够刺杀秦始皇的刺客，后来果真求到一个能使一百二十斤铁锥的大力士。

他们在博浪沙奋力一击，却误中秦始皇的副车，秦始皇大怒，下令追拿刺客。张良改名换姓，逃亡到下邳。

在下邳，有一天张良出外散步，来到一座桥上。有个穿着粗布短衣的老人来到张良面前，当着他的面故意把鞋子脱落到桥下，然后对张良说："小伙子，下去捡鞋。"

张良一愣，本来想揍他一顿，但念他是个老人，强忍着怒气到桥下去捡鞋。

老人毫不客气地说："帮我穿上。"

既然都已经为老人捡鞋了，张良也就好人做到底，跪着为老人穿鞋。

老人伸出脚来让张良为他穿鞋，然后笑着离去。

张良目送老人离开，心里颇为吃惊。

走了一段路，老人折返回来，对张良说："你这孩子是可以教的。五天后的黎明，跟我在这里碰头。"

张良心里觉得奇怪，但仍然敬谨地说好。

五天后的黎明，张良来到桥上赴约，却发现老人早已经等在那里。

老人生气地说："跟老人家约见，为什么来得这么晚？五天后再来！"然后转头就走了。

五天后，鸡刚叫的时候，张良就出发了，可老人又比他先到。

"你又迟到了！"老人发脾气说："再过五天，你早一点儿来。"

五天后，张良还不到半夜就出门到桥上去了。不一会儿，老人也来了。

老人高兴地说："就是要这样！"

老人拿出一编简书，对张良说："熟读这编简书，就可以成为帝王的老师。再过十年，会有王者兴起。十三年后，你到济北来见我，谷城山下的那块黄石就是我。"说完，老人便离去了。

天亮后，张良打开简书来看，发现竟是《太公兵法》，相传是姜太公吕尚所著。张良知道这简书是非凡之物，对它另眼看待，日夜诵读。

## 汉家的特别顾问

下邳的桥上老人没有说十年后兴起的王者是谁，但张良在当时觉得这个王者指的就是沛公刘邦。

当时，天下英雄并起。张良原先并不是要追随刘邦，只因在路上巧遇，就先跟随了一阵子。

张良几次用《太公兵法》上的话来教导刘邦，刘邦很赏识，经常采纳。当张良用同样的话向其他人提出建言时，就没那么受重视了。

张良说："沛公的智慧大概是老天给的。"于是跟定刘邦，不再去他处。

桥上老人当年传授给张良的不只是兵法书，还以实际的行动教会他两件事，一是"隐忍"，一是"早谋"。

"隐忍"是遇到不如意的事，先忍着，别动气，就像老人故意脱落鞋子，要张良去捡。

"早谋"是提早谋划，把前因后果想清楚，别等事情发生了才急于应付。在这方面，老人是以"半夜就赴黎明之约"来启发张良的：别以为你来得早，其实别人比你来得更早。

张良日后为刘邦提的许多建议，往往都包含着这两种意思。

刘邦进入关中，张良要他别动咸阳的金银财宝，就是预先想到了项羽对这件事情会有什么反应。

汉高祖三年（公元前204年），郦食其效法古人，献上计策要刘邦刻印信发给六国后代，承认他们的地位，好拉拢这些人，以削减楚王项羽锐不可当的威势。

张良来见刘邦的时候，刘邦正在用餐。刘邦问起张良的意见，张良用八种"不能"来反驳郦食其的说法。

张良说："发了印信给六国后代，也就等于替他们复国。一旦复国，这些六国后代都跑回自己的国家侍奉自己的主子，谁还会跟着您打天下呢？"

刘邦一听，饭从嘴里喷出来，大骂郦食其说："你这个书呆子，差点坏了你老子的大事！"骂完，赶紧叫人销毁正在刻的印信。

这次是张良预先想到了六国后代一旦接到印信会有什么反应。

第二年，韩信攻克齐国，想自立为齐国"假王"。刘邦大怒，张良劝刘邦先别动怒，要先稳住韩信。于是刘邦封韩信当齐王，还故意说："大丈夫要当王就当真王，当什么假王？"

刘邦统一天下后，群臣争功，除了二十几个大功臣已经受封，其余的过了一年多都还没有封赏。有的功臣已经等得不耐烦，都要造反了。

张良又指点刘邦一招，封了刘邦最讨厌、最想除之而后快的雍齿为什方侯。

那些还没得到封赏的功臣一看，都高兴地说："连雍齿都封侯了，我们这些人更没问题了。"

这前后两件事，都是张良在指导刘邦怎么隐忍：越是面对感到憎恨厌恶的事，越是要冷静地对待。

张良成了汉王朝的"特别顾问"。

早先，刘邦为定都在哪里而伤脑筋。很多大臣都是殽山以东的人，希望刘邦定都在洛阳，也有人建议定都在关中，一时悬而未决。

张良说："关中位居天险，四面有关口，水运又方便，比洛阳好。"

刘邦一听，当天就动身前往关中，在那里定都。

当年，项羽进入咸阳时，也有人劝项羽定都关中。但项羽急于衣锦还乡，没有听取这个建议。

刘邦在位期间，老想着要把吕后所生的太子刘盈（也就是后来的惠帝）废掉，另立戚夫人所生的如意当太子。

吕后心急之下，几乎是用劫持的方式，请求张良这位皇家"特别顾问"为她出主意。张良本来不想管这件事，无奈之下只能听从，献上一计。吕后大为高兴，赶紧施行。

汉高祖十二年（公元前 195 年），刘邦平定英布之乱，返回国都。在宫里，他见到太子身边跟着四个老人。这四个老人都有八十多岁，须眉皓白，衣冠奇特。刘邦觉得奇怪，就问："这是些什么人？"

四个老人上前自报姓名，说是东园公、角里先生、绮里季和夏黄公，也就是所谓的"商山四皓"。

刘邦大吃一惊，说："我寻找你们好多年，你们却都躲着我，怎么今天跟我的儿子在一起？"

原来，刘邦素来敬仰这些人，而这些人却避而不见。

四个老人说："陛下轻视读书人又好骂人，我等不肯受此屈辱，因此躲了起来。如今听说太子为人仁孝，对读书人礼遇有加，天下没有不甘心为太子而死的，所以前来。"

刘邦一听这话，只好说："烦劳各位好好调教太子，爱护他。"

请出"商山四皓"来动摇刘邦的意念，保全太子刘盈的地位，

这便是张良献给吕后的计策。

四名老人走后，刘邦召见戚夫人，对她说："我想更换太子，但他有四个老人在辅佐，羽翼已成，很难削弱了。吕后真要成为你的主子了。"

戚夫人泪流满面，仿佛已看到了自己未来的命运。她为刘邦吟唱了一首楚歌，歌声悲凄动人。

## 学做仙人的留侯

刘邦统一天下后，论功行赏，要张良自己在齐国选三万户当封邑。

张良说："臣在下邳起义，而在留这个地方与陛下相遇，这是老天要把我送给陛下的。陛下采纳我的计谋，侥幸让我能派上用场，臣只要留这个地方就心满意足了，不敢要三万户。"

于是刘邦封张良为留侯。

每有重要的事情，刘邦都会请教张良，但张良有意退隐。他说："我的先祖世代辅佐韩国，在韩国灭亡之后，我不惜万金，为报亡国之恨而刺杀秦始皇，今天下震动。如今以三寸不烂之舌作为帝王的老师，受封万户，这已经是一个平民的极致，对张良来说，这已经够了。但愿今后能够不再管世间的事，好去学做仙人。"此后，张良开始学习道家不吃谷物、让身体变轻的道术。

刘邦过世时，张良入宫吊唁高祖。吕后为过去的事心怀感激，留住张良，强迫他饮食，说："人生在世，如白驹过隙，为何让自己苦成这个样子？"

张良不得已，勉强又恢复了饮食。

八年后，张良过世。

张良当年在下邳桥上与老人相遇，得老人传授《太公兵法》。十三年后，张良跟随刘邦经过济北，看见谷城山下果然有块黄石，于是把它带走，建立祠庙加以供奉。张良死后，那块黄石跟着张良一起下葬。每逢夏冬两季，人们在祭拜张良时，也一起祭拜那块黄石。

## 三分钟读历史关键

张良的一生是个传奇。

他貌似柔弱的女子，却极富聪明才智。他分析事理，深入而精确，对于事情总能掌握其前因后果。

尤其令人感到"可怕"的是，张良十分清楚人性的弱点，并且善加利用——你要名就给你名，你要利就给你利，只要你能为我成事，给你的这些名或利，我将来都可以拿得回来。贿赂镇守峣关的秦将，以及劝刘邦立韩信为真齐王，便是两个明显的例子。所幸张良并不作恶，只是想辅佐刘邦成功罢了！

张良在年少时也是个崇尚武力的人，所以才会有博浪沙的行刺。

在下邳的桥上，老人教会张良要隐忍、要早谋，这些都是张良后来得以成就一番事业的根基。因此，在张良的故事里，这件事或许带有迷信色彩，却不能忽略它的价值。

张良被封为留侯之后，急流勇退。刘邦、吕后后来大肆诛杀功臣，独独对张良敬意不减，这又可以看出张良处世的另一种智慧。

## 史记原典精选

太史公曰：学者多言无鬼神，然言有物❶。至如留侯所见老父予❷书，亦可怪矣。高祖离困❸者数矣，而留侯常有功力❹焉，岂可谓非天乎？上曰："夫运筹策❺帷帐❻之中，决胜千里外，吾不如子房。"余以为其人计魁梧奇伟，至见其图，状貌如妇人好女。盖孔子曰："以貌取人，失之子羽❼。"留侯亦云。

《史记·留侯世家》

太史公说：学者大多说没有鬼神，却说有精怪。至于留侯张良遇到老人送他兵书，这就真的很奇怪了！高祖好几次遭遇困厄，而留侯张良总有贡献，这难道不是天意吗？高祖说："在军营的帐幕中运用计划和策略，以决定千里之外的胜负，我比不上子房（张良）。"我以为这个人想必长得高大英挺，等见到他的画像，才知道他的形貌像是柔弱的妇人。孔子曾说："若要以外表来判断一个人，那么就会像我一样看错了子羽（澹台灭明）。"对于留侯张良，我也差点犯了同样的错误。

【注释】❶物：指精怪。❷予：给。❸离困：遭遇困厄。离，通"罹"，遭遇。❹功力：功绩和效力。指的是贡献。❺筹筴：同"筹策"，计划和策略。❻帷帐：帐幕，尤其是指军营的帐幕。❼子羽：指春秋时期的鲁国人澹台灭明。澹台灭明想跟孔子求学，孔子看他长得不好看，想必资质也不怎么样。澹台灭明受业之后，学得不错，孔子因此反省自己是"以貌取人"。

## 词语收藏夹

**一、圯桥进履**：比喻对老前辈礼敬，向他请教。圯，此字解为"桥"，但仍有桥名叫"圯桥"。此字不可写作"圮"。圮是"毁坏、倒塌"的意思。

> **例句** 刘先生是这方面的专家，我们要圯桥进履，向他请益。

**二、孺子可教**：称赞年轻人值得教导，将来必定会有所成就。孺，孩童。

> **例句** 我常在课堂上提出一些见解，老师总夸我"孺子可教"。

**三、羽翼已成**：比喻势力已经巩固。

> **例句** 叛军羽翼已成，将军此次带兵平叛，一定要万分小心。

# 地底下的造反

## 周亚夫的故事

周家两代对汉皇室贡献至伟，最终仍逃不过牢狱之灾。

在古代，不懂得权变，不懂得恭顺，最后因莫须有的罪名而身陷囹圄，似乎就是这类耿直之士的宿命。

## 相面师的预言

周亚夫在当河内太守的时候，有个叫许负的相面师为他看相，说："您在三年后会受封为侯。封侯八年，您会当上将相，掌握国家大权，尊贵至极，在人臣当中无人可比。不过再过九年，您会饿死。"

又是侯，又是将，又是相，但最后竟是饿死？这相面师也未免太会扯了！

周亚夫笑着说："我的哥哥已经接替我父亲的侯位，要是他死了，那就由他儿子来继承，怎么会轮到我？还有，要是我能坐到你所说的那样尊贵的位子，又怎么可能会饿死呢？"周亚夫仰起下巴，说："来，指给我看，我哪个部分的面相会让我饿死？"

许负指着周亚夫的嘴巴，说："这里有一条竖的纹路一直延伸到嘴里，就是会饿死的面相。"

许负的预言难道是真的？

三年后，周亚夫的哥哥绛侯周胜之因杀人获罪。汉文帝想在周家的子弟里找一个有贤德的来承接周家的侯位，众人推荐周亚夫，于是文帝便封周亚夫为条侯，以接续绛侯。

## 周亚夫的父亲

周亚夫的父亲叫周勃，和刘邦是同乡，在沛县随刘邦起义。

早年以编织养桑蚕的竹器为生，又经常帮人在丧事中当鼓吹手的周勃,因战功彪炳被封为绛侯。汉高祖晚年,周勃还当过丞相。

刘邦之所以能够平定韩王韩信、阳夏侯陈豨、臧荼和卢绾前后两位燕王的相继作乱,多亏了周勃。

周勃为人敦厚老实,刘邦认为他可以担当大任。

刘邦过世后,吕后专政,大封诸吕。等吕后一死,当时担任太尉的周勃便联合丞相陈平诛杀诸吕,扶立文帝。

文帝上台,让周勃当右丞相,赏赐颇多。才过一个月,就有人劝周勃说:"您现在威震天下,极获宠爱,地位无人可比,小心久了会有祸事临头。"

周勃感到恐惧,为了安全起见,请求归还相印。文帝批准了,但一年后,丞相陈平过世,文帝又找来周勃让其出任丞相。

十个月后,文帝下令要列侯回到自己的封国,并请丞相周勃以身作则,当列侯的表率。于是周勃辞了相位,回到自己的封地绛县。

回到绛县一年多,河东太守每次巡察地方到了绛县,周勃总是身穿护甲,命家里的人拿着武器迎见。这么做,是因为怕被杀害。

后来,有人上书告周勃想造反,周勃遂被关进了大牢。

周勃很害怕,口才又不好,不知道如何为自己辩白,狱吏便开始欺压他。

周勃以千金赠送狱吏,狱吏教他"让公主来作证"。这里所说的公主,就是文帝的女儿,她嫁给了周勃的儿子周胜之。

周勃让家里把过去所受的赏赐,都送给太后的弟弟薄昭。当周勃的案子进行到紧要关头时,薄昭代周勃去向薄太后求情。

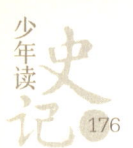

　　薄太后也认为周勃不会造反，便到殿上去抗议，用头巾扔文帝，说："绛侯当年身上配有皇上的印玺，统领北军，他不在那个时候造反，如今身居一个小小的绛县，却要造反？"

　　文帝取了周勃的供词来看，向太后谢罪说："狱吏刚刚查清楚了，会放他出去的。"于是文帝赦免了周勃，恢复他的爵位。

　　周勃出狱后，无限感慨地说："我曾经统领百万大军，却不知道狱吏竟是如此的尊贵！"

## 令皇帝也震撼的军营

　　周勃死后，周胜之继承侯位。然而周胜之与所娶的公主不和，又因犯下杀人罪，所以被废。周亚夫才有机会接替侯位，但另名为条侯。

汉文帝六年（公元前 174 年），匈奴侵犯边境。文帝拜刘礼、徐厉和周亚夫为将军，分别驻扎在霸上、棘门和细柳，以防备匈奴。

文帝亲自前来劳军。

在霸上和棘门，文帝长驱直入，将领和下属都骑马迎送。

到了细柳，远远看见军营的官兵都身穿甲胄，手拿兵器，张着弓，拉满弦。

皇上的前导先到，进不去，便说："皇上马上就到了。"

军营大门守将说："将军有令在先：'在军中只听将军的命令，不听天子的诏令。'"

过了不久，文帝抵达军营，同样进不去。于是文帝派使者拿着符节诏令去告诉周亚夫说："皇上想亲自慰劳将士。"

周亚夫这才传令打开军营大门。

大门守卫对文帝的随从说："将军规定，在军营里不准驾着马车奔跑。"于是文帝拉着缰绳慢慢走进去。

到了营帐里，周亚夫拿着武器拱手作礼说："身穿甲胄的将士不能行大礼，请让我以军礼参见。"

文帝听了这话，为之动容，表情变得严肃，靠着车上的横木答礼。接着，文帝派人向周亚夫致意，说："皇上向将军慰问致敬。"礼成而去。

一出军营，所有随行的大臣都面面相觑，非常吃惊。

文帝感慨地说："啊！这才是真正的将军！相形之下，先前我们去的霸上和棘门，那里的军营简直像小孩在做游戏。那些将领很容易被蒙混偷袭，甚至被俘虏。至于亚夫，哪会让人侵犯得了呢？"文帝频频称赞了许久。

一个月后，文帝撤去这三个地方的驻军，拜周亚夫为守卫京城的中尉。

## 平乱大将

文帝临终前，告诫太子，"要是有什么紧急的情况，可以委托周亚夫担负重任，让他带兵。"

文帝过世后，太子即位为汉景帝，拜周亚夫为车骑将军。

景帝三年（公元前 154 年），吴、楚等七国联合作乱。周亚夫以中尉的身份代理太尉，领命向东边讨伐七国之乱。周亚夫亲自向景帝请示："楚兵一向勇猛迅速，很难与他们正面冲突。希望能以梁国来牵制他们，断他们的粮路，这样才有办法治他们。"

景帝同意周亚夫所拟定的战略。

周亚夫在荥阳集结各路部队。

吴国攻打梁国，梁国危急，向周亚夫求救。然而周亚夫却把军队带到昌邑去，筑起壕沟、壁垒等防御工事，坚守阵地。梁国每天都派人来求救，周亚夫坚持不出兵。

梁国上书给景帝，景帝派使者命周亚夫去解救梁国。周亚夫不受命，仍然坚守在阵地里，但派出轻骑兵去吴、楚军队的后方，断绝他们的补给线。

吴国军队缺粮，士兵处在饥饿状态，几次来阵前挑衅，周亚夫仍按兵不动。

夜里，汉军军营中一阵骚动，内部相互攻击，闹到太尉的帅营前。周亚夫依旧躺在床上，没起身。不一会儿，军营便复归于平静。

尔后，吴军奔往阵地东南角，周亚夫叫人赶紧防备西北角。果然，吴军的精锐都转而奔向西北角，幸亏汉军早有防备，没让他们攻入阵地。

吴国军队饥饿难熬，只好撤退。周亚夫怎么能放过这次机会？他马上派出精兵追击，大破吴军。

吴王刘濞丢下大军不管，只带了几千名勇士潜逃到江南的丹徒，以求自保。

汉军乘胜追击，降服吴国军队，俘虏了他们的士兵。

周亚夫悬赏千金购买吴王的人头，一个多月后，便有越地的人带了刘濞的人头前来领赏。

吴、楚等七国之乱终于平定，前后只花了三个月时间。众将官这时才知道太尉当初的计谋是对的。然而也是从这个时候起，周亚夫与梁国的梁孝王结下了梁子。

## 率直惹灾祸

周亚夫返朝后，正式当上太尉，五年后升为丞相，甚得景帝的器重。

景帝要废栗太子，周亚夫极力劝阻，但没能阻止。景帝从此开始疏远周亚夫，而梁孝王每次来朝，都会在窦太后面前说周亚夫的坏话。

窦太后想立皇后的哥哥王信为侯，以此事要求景帝。景帝找周亚夫商量。周亚夫说："高祖规定：'不是刘氏不能称王，没有功劳不可封侯。谁要是不遵守这个规定，所有的人都可以讨伐他。'如今王信虽是皇后的哥哥，但没有功劳，如果立他为侯，就不合高祖的规定。"

景帝听了之后闷声不响，封王信为侯的事只好作罢。

后来，匈奴王唯、徐卢等五人来降，景帝想立他们为侯，以便号召更多的匈奴人来归顺汉朝。

周亚夫说："这些人背叛他们的主子来投降，而陛下封他们为侯，那以后我们的人若是叛变，要怎么处罚呢？"

景帝不采纳周亚夫的意见，还是封王唯、徐卢等人为侯。周亚夫因此称病，足不出户。

景帝中三年（公元前147年），周亚夫因"病"被免除丞相一职。

不久，景帝在宫中召见周亚夫，设宴款待他。只见桌上摆着一大块肉，既没有切成小块，也没摆放筷子。

周亚夫看了之后，心里不太舒服，转头叫管事的去拿筷子。

景帝看着周亚夫，笑着问道："你这样还不满意吗？"

周亚夫脱帽请罪。景帝站了起来。周亚夫赶紧快步退出。

景帝目送他离开，说："这个什么都不满意、对什么都不高兴的人，能在日后当少主的大臣吗？"

## 莫须有的罪名

没过多久，周亚夫的儿子为父亲向皇家制造厂购买五百套盔甲和盾牌，以便将来做殉葬品。

搬运工们做得很辛苦，却没拿到工钱。他们知道这些东西是向皇家偷买的，便向上头告发周亚夫的儿子，事情连累到周亚夫。

景帝见到控告信，便交给下面的官吏去处理。官吏拿着控告信来跟周亚夫对质，周亚夫拒不作答。

景帝知道情形后，大骂："我也不需要你对质了。"下令把周亚夫送到掌管刑罚的廷尉那里去受审。

在牢里，廷尉审问他："你是不是想造反？"

周亚夫说："我买的这些东西都是殉葬品，怎么能说是造反？"

狱吏说："你即使不在地面上造反，也是想在地底下造反！"

这话真是太可笑了！人死了又怎么能造反呢？周亚夫在牢里绝食了五日，最后吐血身亡。

面相师许负的预言一点都没错，周亚夫果然饿死了。

## 三分钟读历史关键

在《史记》里，《绛侯周勃世家》是相当受瞩目的篇章。评论者历来认为这篇文章是在凸显忠臣的耿介悲愤，并暴露汉代帝王的冷酷阴险，特别着力描写了狱吏如何仗势欺人。

周勃一家两代功臣，一个平定诸吕之乱，一个平定七国之乱，对汉皇室贡献至伟，但最终仍逃不过牢狱之灾。

周勃是个缺少文采的人，但他出狱后的那句"我曾经统领百万大军，却不知道狱吏竟是如此的尊贵！"其中的体会无比深刻。而周亚夫遭到狱吏诬陷："你即使不在地面上造反，也是想在地底下造反！"更让我们看到狱吏活生生的丑恶嘴脸，真所谓"欲加之罪，何患无辞"。

太史公写周勃一家，其实也是在写自己，因为他曾在武帝朝中以直言得罪武帝，以致遭到惨无人道的腐刑。"不懂得权变，不懂得恭顺"，最后因莫须有的罪名而获罪，这似乎就是古代这类耿直之士的宿命。

## 史记原典精选

书❶既闻❷上，上下吏❸。吏簿责❹条侯，条侯不对❺。景帝骂之曰："吾不用也。"召诣❻

廷尉 ❼。廷尉责曰："君侯欲反 ❽ 邪？"亚夫曰："臣所买器，乃葬器也，何谓反邪？"吏曰："君侯纵不反地上，即欲反地下耳。"吏侵 ❾ 之益急。初，吏捕条侯，条侯欲自杀，夫人止之，以故不得死，遂入廷尉。因不食五日，呕血而死。

《史记·绛侯周勃世家》

---

　　控告信传到景帝手里，皇上责令下面的官吏去办理。官吏拿着控告信来跟条侯周亚夫对质，周亚夫拒不作答。景帝大骂："我也不需要你对质了。"下令把周亚夫送到廷尉那里去受审。廷尉审问他："你是不是想造反？"周亚夫说："我买的这些东西都是殉葬品，怎么能说是造反？"狱吏说："你即使不在地面上造反，也是想在地底下造反！"狱吏变本加厉地欺凌他。早先，狱吏来逮捕周亚夫时，周亚夫想要自杀，但被夫人劝阻，所以没死，才会来到廷尉这里。周亚夫于是绝食五日，吐血而亡。

【注释】❶书：信件。❷闻：传达到。❸上下吏：皇上交给下面的官吏去办。下，交办。❹簿责：以文件来质问。簿，是"簿书，官方文件"之意；责，责问。❺对：回话。❻诣：往、到。在这里是"送往"之意。❼廷尉：秦汉时期官名，掌管全国刑罚。❽反：造反。❾侵：侵凌、欺负。

# 词语收藏夹

**一、委以重任**：交付重大责任。

例句　这次合唱比赛，我被老师委以重任，担任指挥。

**二、为之动容**：因感动而让表情有了变化。

例句　想不到这部电影这么好看，看过的人都为之动容。

**三、功高震主**：功劳太大，令上司害怕，感到威胁。

例句　古代功臣就怕功高震主，到最后没有好下场。

# 历史中的"生命档案"

## ——我为什么写《少年读史记》

坊间已有不少为年轻朋友编写的《史记》故事。尽管如此，把《史记》故事再讲一遍，仍有其价值。这是因为历史人物的行迹，在后人不同的观点中总有不同的诠释。

这套《少年读史记》共五册，精选《史记》里的人物故事来加以编写，合计六十篇。写司马迁的《太史公牛马走》放在系列第一册，一方面借此交代《史记》的成书经过，一方面表示对司马迁的尊崇。

这套《少年读史记》的铸成，不同于坊间其他类似的出版品。它的特色反映在它的体例：

一、人物故事：借鉴现代文学的表现手法，着重描述人物的心理和行为的意义，并视情况略加诠释和延伸，让原文主旨更明显。有单传、有合传，故事经过精心整编，择要去繁，更适合现代读者的阅读口味。遇有原著明显讹误，皆依《左传》《汉书》等予以订正，为省繁赘，不另注释。

二、三分钟读历史关键：以文学、史学、哲学、心理学、管理学等各种角度来对人物和事件进行诠释，务求精到。

三、史记原典精选：仿照《古文观止》，呈现与人物故事相关的《史记》原文片段，附上详尽的白话译文和简要的注释；所选的片段都是《史记》精华，可以借此管窥全豹，亦可作为教学之用。

四、词语收藏夹：罗列多个与人物故事相关的词语，除了解释，还有例句以供参考。

除此之外，在行文中还标上了公元纪年，并附有相关图表。

我在大学时代深爱《史记》，常读此书而不能罢手，某夜在读《史记》时竟还流泪。对我来说，太史公在《史记》中所记载的那些事迹，不仅是故事，更是历史中的"生命档案"。借由这些"生命档案"，我对"人"有了许多发现，眼界因此开阔不少。

如今为了写《少年读史记》而重读这部史学名著，年岁已长，感动依旧。由于这许多年来的心路曲折，我更能体会这些"生命档案"的内涵，也更加敬佩司马迁的非凡意志。

我在编写这套书时参考了许多学者的著作，翻译部分有：龙宇纯等著《白话史记》（联经出版社）、韩兆琦著《史记精讲》（中国青年出版社）、韩兆琦著《史记选注》（里仁书局）、许嘉璐主编《二十四史全译·史记分册》（汉语大词典出版社）和吴树平主编《史记》（新世界出版社）。其他学者的作品虽然不能如数列出，心中仍存万分感激之意。舍弟购赠参考书籍若干，一并致谢。

当年在台湾大学中文系求学时，担任《史记》课程的夏长朴老师对我多有启发；就读中正大学中文研究所时，历史所的卢建荣老师又教我许多史学新观念，自此以后十数年莫不承卢老师教诲。在这两所学校读书时，宋有炯先生、江政宽先生、周忠泉先生及陈怡得先生等学历史的友人，也教会我许多读史的方法。

　　回忆往事，长存感念。谨以这套与历史相关的作品，献给这两位好老师和这些好朋友。

张嘉骅

## 故事取材

◆ 《第一位盟主的诞生》，取材自《史记·周本纪》《史记·齐太公世家》《史记·管晏列传》。

◆ 《漂泊后的尊荣》，取材自《史记·晋世家》《史记·宋微子世家》。

◆ 《江山恩仇记》，取材自《史记·晋世家》《史记·宋微子世家》。

◆ 《问鼎》，取材自《史记·楚世家》《史记·滑稽列传》《史记·宋微子世家》。

◆ 《挂在东门上的眼睛》，取材自《史记·吴太伯世家》《史记·楚世家》《史记·越世家》《史记·伍子胥列传》《史记·刺客列传》《史记·孙武吴起列传》。

◆ 《审时度势的生存哲学》，取材自《史记·越王勾践世家》《史记·货殖列传》。

◆《弑君的罪名》，取材自《史记·晋世家》《史记·齐世家》。

◆《一个婴儿的重量》，取材自《史记·赵世家》《史记·晋世家》。

◆《乱世圣哲》，取材自《史记·孔子世家》《史记·鲁周公世家》。

◆《没上过战场的头号功臣》，取材自《史记·萧相国世家》《史记·曹相国世家》《史记·淮阴侯列传》。

◆《决胜千里》，取材自《史记·留侯世家》《史记·高祖本纪》《史记·项羽本纪》《史记·淮阴侯列传》。

◆《地底下的造反》，取材自《史记·绛侯周勃世家》。

**图书在版编目（CIP）数据**

霸主的崛起 / 张嘉骅编著.—青岛:青岛出版社，2015.1
（少年读史记）
ISBN 978-7-5552-1457-1

Ⅰ.①霸… Ⅱ.①张… Ⅲ.①中国历史 – 古代史 – 纪传体 – 少年读物
Ⅳ.①K204.2–49

中国版本图书馆CIP数据核字（2015）第002272号


书名 / 霸主的崛起　张嘉骅 编著　郑慧荷 官月淑 绘图
本书由台湾远见天下文化出版股份有限公司授权出版，限中国大陆地区发行。
山东省版权局著作权合同登记号：图15-2014-281号



| 书　　　名 | 少年读史记：霸主的崛起 |
| --- | --- |
| 编　　　著 | 张嘉骅 |
| 绘　　　图 | 郑慧荷　官月淑 |
| 出版发行 | 青岛出版社（青岛市海尔路182号，266061） |
| 本社网址 | http：//www.qdpub.com |
| 邮购电话 | 13335059110　0532-68068026 |
| 策划编辑 | 谢　蔚 |
| 责任编辑 | 王龙华　王世锋 |
| 特约编辑 | 丰雅楠 |
| 封面设计 | 咸青华 |
| 版式设计 | 滕　乐 |
| 制　　　版 | 青岛乐喜力科技发展有限公司 |
| 印　　　刷 | 青岛乐喜力科技发展有限公司 |
| 出版日期 | 2015年2月第1版　2018年4月第20次印刷 |
| 开　　　本 | 16开（710 mm × 1000 mm） |
| 印　　　张 | 12.5 |
| 字　　　数 | 250千 |
| 书　　　号 | ISBN 978-7-5552-1457-1 |
| 定　　　价 | 29.80元 |

编校印装质量、盗版监督服务电话：4006532017　0532-68068638
本书建议陈列类别：儿童读物